JN012978

ビジネスに活かす
教養としての仏教

Buddhism as a culture for business.

ジャーナリスト・浄土宗僧侶
鵜飼秀徳
Ukai Hidenori

PHP研究所

仏教って難しい……

それは、あなたの生活や仕事に
関係がないと思い込んでいるから。

仏教の考えは本来とても身近なものであり、シンプル。
あなたの悩みや不安を
和らげる一助になります。

ビジネスをする上で、
心の拠(よ)りどころとして
役立つ「武器」にもなります。

仏教の本質を現代社会で活かせるようにアレンジした、
まったく新しい仏教の世界をお楽しみください。

はじめに

Introduction

仏教の教えがビジネスの助けになる

実家の寺を継ぐために会社員を辞め、京都にUターンしてきたのが2018年春のことです。今、私は僧侶とジャーナリストを掛け持ちする生活を送っています。

最近は「現代社会と仏教」をテーマにして、ビジネスパーソンの前でお話しさせていただく機会も増えてきました。そこで、こんな相談を受けることがしばしばです。

心から信頼できる上司、相談できる同僚がいません。私の居場所をどこに求めればよいのでしょうか？

上司は自分の保身で精一杯。同僚は出世競争にばかり目がいき、平気で仲間を陥れる組織に疲れ果てました。

定年まであと5年。これまではがむしゃらに仕事に打ち込んできたけれど、リタイア後、生き甲斐をどこに求めればよいか、心配です。

現在の職場環境への不満。将来への漠然とした不安。あるいは、過去に対する後悔……。心のどこかに、棘(とげ)が刺さっているビジネスパーソンが多いようです。とくに誠実に働いている人に限って、深刻な悩みを抱える傾向にあるようにも思います。

そんな時、私はこう答えます。

「お釈迦さまが仏教を開かれて2500年、日本に仏教が入ってきて1500年が経過します。日本のお寺は全国に7万7000もありますが、多くは400年以上の歴史を持ちます。企業の多くは創業して30年ももたないでしょう。**仏教の教えや教団組織が何百年、何千年続いてきたということは、歴史に裏打ちされた真理がある**ということかもしれません。仏教の教えはビジネスの世界できっと生かせるはずです。ぜひ、仏教書をお読みください」

たとえば、パーリ語で書かれた仏典「**ダンマパダ**（法句経）」は、26章423項目にわたってお釈迦さまの言葉が綴られています。そこには、怒りの感情をコントロールする仕方や、組織の中での人付き合いの極意などが端的な言葉で述べられています。一例を挙げてみましょう。

”自分の得たものを軽んじてはいけない。他人の得たものを羨むな。他人を羨む修行僧は心の安定を得ることができない“（法句経第25章　365）

――『ブッダの心理のことば　感興のことば』中村元訳

ビジネスシーンにおける教訓として置き換えれば、こういうことになるでしょうか。

「人事査定であなたの給料が下がった。あなたは、『何も働いていないヤツが自分よりも出世し、いい給料をもらっている。理不尽だ』などと思っている。そんな他者への嫉妬、恨みは終わるところがなく、ますますあなたの心は不安定になり、悪循環をもたらす。

そこで、発想を変えることが大事になる。与えられた境遇に満足し、来期に向けて自己を研鑽しようと、自己を成長させるように考えを転換させなければならない」

大切な何かが失われた日本企業

仏典を開くと随所に、「求める苦しみ（求不得苦）」が説かれています。禅寺の掛け軸などでよく書かれている「少欲知足」も、似たような教訓です。

これは、「いろんなものを欲しがらず、足るを知ることが大事」という意味です。

2018年、日産自動車の元会長カルロス・ゴーン氏による経済事件がクローズアップされました。日産の経営に「少欲知足」の哲学が浸透していれば、きっと、こんなことにはなっていなかったでしょう。

一休禅師、良寛和尚といった、昔の名僧の言葉や生き様から学べることも少なくありません。たとえば伝教大師最澄の有名な言葉「一隅を照らす」があります。

”径寸十枚　これ国宝に非ず　一隅を照らす　これ則ち国宝なり“
（『山家学生式』）

これは、「玉10個のような財宝やカネが国の宝ではない。人々を幸せにしようと道を求めて精進し、社会の片隅を照らす人こそが宝なのだ」という意味です。

これを企業活動に当てはめると……。

「企業は目先の売上げばかりを求めてはいけない。企業が本当に大切にすべきは、社会をどう良くしていくかを常に考え、地道に努力している人材である」

近年、多くの日本の企業で、「大切な何か」が失われているように思います。金儲けのためなら何をしてもいいというような自制の利かない社風が、とくにバブル以降拡大してきているようにも見えます。

コンプライアンスを守りさえすれば「それでよし」ではありません。法令遵守の〝前段階〟で「倫理・道徳観（＝見えざる価値）に基づいた自己抑制」をいかに働かせられるか。日本人は近年まで仏教・神道・儒教的思想に基づく、行動規範を持っていました。ところが、グローバリズム、成果主義の名の下に「日本的経営哲学」が失われつつあるように感じます。「誰かに見られている意識」「感謝する心」「つながりの意識」など長年、仏教が育んできた「見えない価値」が今求められています。

仏教教団は2500年の間、存続している稀有（けう）な組織。歴史に裏打ちされた合理的・科学的な真理がそこにあります。長年日本人の倫理・道徳観の拠りどころとなってきました。その意味で、お釈迦さまや宗祖の言葉・教えから学べることは多いと言えます。

また、お寺や仏教行事・弔い事に関わることで、心が整い、自己を見つめられます。懺悔（さんげ）し、物事の本質を自問自答することで、新しい自分を発見できるのです。

仏教を「再翻訳」する

とはいえ、「仏教など、前時代の苔むした考え」「理想論で経営はできない」などと、仏教を侮っている人もいることでしょう。

しかし、アメリカの知識層らが「禅」に救いを求めてきたのも事実です。アップルを率いたスティーブ・ジョブズ氏らが禅の精神を製品開発に生かしたように、仏教はその時代時代によって「再翻訳」され、普遍的な知恵として、生かされてきたのです。

そこで、本書では難解な言い回しをなるべく避け、現代のビジネスシーンに置き換えながら、仏教を「再翻訳」したいと思います。これまで、なんとなく仏教は難しいと考えていた人、説教臭くて馴染めないと感じていた方にこそ、じっくり読み進めてもらいたいです。

本書は3部構成になっています。

第1講では、働く意味と仏教の関係について。主にビジネスパーソンの方を対象にした話です。

続く**第2講**では、会社組織と仏教との関係について。経営者の方、組織を預かるリーダーの方にはとくに参考になると思います。

そして、**第3講**は、人生と仏教について。ビジネスパーソンに限らず、すべての人に向けて、この世に生きる上で欠かせない考え方を記しました。

また、巻末に**特別講義**として、近年失われつつある葬式やお盆などの文化について、私なりの解釈を添えて解説しております。

私はビジネス誌などの記者を長年務め、多くの企業や経営者に取材をしてきました。また同時に、私自身がビジネスパーソンであり、みなさんと同じような葛藤や悩みを抱えていました。そんな時、仏教は大いなる指針になってくれました。

「ビジネスで大切なことはすべて、仏教が教えてくれる」

そう言っても過言ではありません。本書が、多くのビジネスパーソンが抱える悩みの解決の一助になることを願っています。

鵜飼秀徳

もくじ

第1講　何のために働くか――働き方と仏教

第2講 企業の価値とは何か――組織と仏教

第3講 どう生きるべきか――人生と仏教

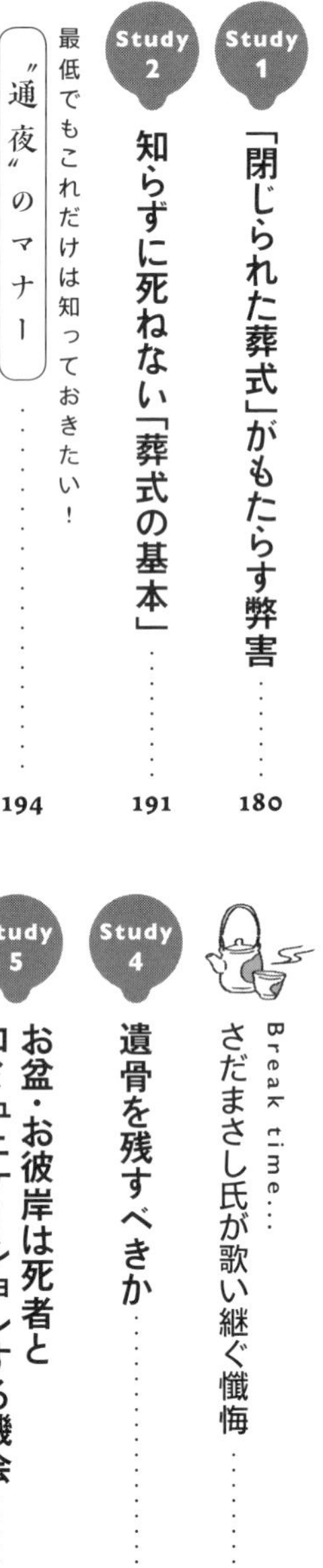

特別講義
弔事と人間関係

＼3分でわかる！／

仏教ってなに？

- 2500年前に北インドで、**お釈迦さま（ゴータマ・シッダルタ）**が悟りを開いてブッダとなり、教えを広めた。

- この世を「苦」ととらえ、何にも偏らない「**中道**（ちゅうどう）」（▶P56）を実践することで、苦から解き放たれることを説いた。

- 理想郷（涅槃（ねはん））に行くためには、**八正道**（はっしょうどう）（正しい見解、正しい考え、正しい言葉、正しい行い、正しい生活、正しい努力、正しい意識、正しい注意）を守ることが大切などとした（▶P72-73）。

- 日本には6世紀（1500年前）に仏教が伝わる（大乗（だいじょう）仏教、▶P81）。聖徳太子らが庇護（ひご）。最初は**鎮護国家仏教**として存在し、鎌倉時代になって大衆化した。江戸時代までは神仏混淆（こんこう）状態だったが、明治維新時に神と仏とに切り分けられた。

- 日本では室町時代以降、ムラ社会が誕生。庶民の寺がつくられ、江戸時代には**檀家制度**（だんか）が成立。およそ9万か寺ができる。

- 現在、日本の仏教は**浄土系、禅宗系、日蓮宗系**など160ほどの宗派に分かれている。寺院数は7万7000か寺（神社は8万1000社）。うち1万7000か寺前後が空き寺。将軍家、天皇家とのつながりのある寺院も多い。しかし、人口減少、首都圏への人口集中、死生観の変化などによって寺院消滅の局面にある。2040年には5万か寺に減少するとの試算もある（拙書『寺院消滅』参照）。

第1講

何のために働くか

——働き方と仏教

組織に身を置くと、成果、出世、上司・部下との人間関係など悩みは尽きません。ところが、私欲にとらわれていると、会社も自分もよからぬ道に進むことになります。働くとは何か――仏教が示す教えをご堪能ください。

【少欲知足】

しょうよくちそく

Know Enough

▼

足るを知る

多くの物やお金を欲しがらず、現状に満足しようと自覚すること。欲張らず、与えられた環境を素直に受け入れることで心穏やかに過ごすことができる。

同期と比較して涙

こんな人は参考にされたし CHECK!

- 現状の地位、役職に不満を持っている人
- もっと自分は認められるべきだと思っている人
- 働く意義を感じられない人

過度な評価や報酬は、心を貧しくする

足ることを知る人は、心は清々しく豊か

日本企業の報酬は安いか、高いか

「まさか、あの人が」

この言葉が、これほどピッタリな事件はそうないでしょう。日産自動車のカルロス・ゴーン会長（元職）が２０１８年に逮捕・起訴された出来事のことです。

ゴーン氏が日産のＣＯＯ（最高執行責任者）に就任したのは、同社が経営難にあえいで

カルロス・ゴーン
Carlos Ghosn（1945-）
日産自動車の経営を再建したカリスマ経営者。グローバル企業の牽引役となったが、不正が発覚し、逮捕される。日産会長の座も追われた。

いた1999年のこと。当時私は、駆け出しの新聞記者でした。

ゴーン氏が打ち出した経営再建策「リバイバルプラン」に基づくリストラの現場を、日々、取材していたことが思い出されます。

このリバイバルプランによってグループ人員約2万1000人がリストラされました。しかし大胆な経営改善策の結果、日産は見事、V字回復を成し遂げ、ゴーン氏は一躍、時の人となります。私は近年、2度ほどゴーン氏に単独取材をしています。外国人にしてはとても小柄な一方で、威風堂々とした独特の存在感を感じたものです。

ゴーン氏といえば、その役員報酬の額が常に話題になります。

2010年3月期から、上場企業における役員報酬が年間1億円を超える者の氏名と報酬額開示が義務付けられました。

すると、ゴーン氏は常に上位にランクイン。同社の訂正有価証券報告書では、2009年度（2010年3月期、14億3900万円）、2010年度（2011年3月期、17億7700万円）、2011年度（2012年3月期、18億9400万円）、2012年度（2013年3月期、20億2500万円）と、他企業の役員報酬と比べ圧倒しています。

2016年度（2017年3月期）には37億4000万円という驚くべき高額報酬を手に

全米企業CEOの役員報酬ランキング（2017年、ブルームバーグ）

1	エヴァン・シュピーゲルCEO（Snap Inc.）	約**566**億円
2	スコット・ナットール（コールバーグ・クラビス・ロバーツ）	約**239**億円
3	ジョゼフ・バエ（コールバーグ・クラビス・ロバーツ）	約**213**億円
4	イーロン・マスク（テスラ）	約**166**億円
5	サンダー・ピチャイ（アルファベット）	約**161**億円

しています。

ゴーン氏は、報酬額のことを聞かれると、このように語っていました。

「グローバル企業としては高くない水準」

「高額報酬は恥ではない」

「世界の自動車メーカーのトップの平均報酬は2億円を超えている」

グローバル企業のトップとしては、自分の報酬はさほど目立った金額ではないということでしょう。多くの経済評論家も、

「むしろ日本の企業トップの報酬が安すぎる」

との見解を示しています。そう言われれば「そんなものかな」とも思ってしまいます。

Column

吾唯知足

禅寺の掛け軸などで「吾唯知足（われただたるをしる）」と墨書されたのを見かけることがないでしょうか。京都の名刹・龍安寺には徳川光圀公が寄進したと伝えられる「吾唯知足」と刻字された蹲があります。これはお坊さんが説法などの題材に使っています。元は老子の言葉とされています。

「吾唯知足」と刻字された蹲

「快楽の味は短くて苦痛」

それでも、今回のような公金の私的流用事件が起きると、改めてゴーン氏の報酬額に目がいきます。あるニュースキャスターの一言が印象的でした。

「ゴーンさんは、足るを知らなかったのでしょうね」

普通なら聞き流してしまいそうなコメントです。しかし、その言葉は意味深長です。いずれも仏教の教えからくるものだからです。

「足るを知る」とは一体、どのような教えなのでしょう。

釈尊（お釈迦さま）が入滅の際に弟子に説いた説法をまとめた経典『遺教経』には、「少欲知足」が説かれています。訳せば、こういうことです。

少欲：多欲の人は多く利を求むるがゆえに苦悩も多い。少欲の人は求めることなく、欲もないので、多欲の人より憂いが少ない。

法句経（ダンマパダ）
パーリ語で書かれた仏典のひとつ。26章432句からなる韻文のみからなる経典である。

『ブッダの真理の言葉　感興の言葉』
中村元訳
岩波書店／1978年

知足：足ることを知る人は、貧しいが心は豊かだ。足ることを知らない者は、常に五欲にとらわれ、足ることを知る者から憐憫の情をかけられる。

さらに、**法句経（ダンマパダ）**も紹介しましょう。「ダンマ」は「真理の法」、「パダ」は「言葉」という意味です。ここでも、多欲を戒めています。（以下、『ブッダの真理の言葉　感興のことば』中村元訳、岩波書店刊より引用）

「たとえ貨幣の雨を降らすとも、欲望の満足されることはない。『快楽の味は短くて苦痛である』と知るのが賢者である」（法句経　14章）

釈尊の言葉集のウダーナヴァルガ（前掲書）でもこのように語られています。

「たといヒマーラヤ山にひとしい黄金の山があったとしても、その富も一人の人を満足させるのに足りない」（ウダーナヴァルガ第2章　19）

いずれも人間の欲深さを戒めている点で、言い得て妙と言えます。

働く目的をもう一度、明確にする

仕事をするのはお金のため？見栄を張るため？

苦をもたらす5つの欲

なぜ、私たちはモノやカネを際限なく欲するのでしょう。

仏教では、人間には根源的な5つの欲望があるとしています。つまり、**財欲**（カネや財物に対する欲）・**色欲**（性欲）・**飲食欲**（＝食欲）・**名欲**（名声

欲）・**睡眠欲**（＝睡眠欲）です。

　この五欲は人間が生存し、人間らしい生活を営むためには不可欠なものです。しかし、五欲は様々な苦をもたらす元凶にもなり得ます。具体例を出して説明しましょう。

財欲

たとえばスーパーをハシゴして、先に買ったものが、後で行ったスーパーでもっと安く売っていたら、「損をした」と誰もが思うことでしょう。給料も前年より減った場合、その原因は何かと探り、給与査定を下した上司を恨む元にもなってしまいます。結果的に、**悔しい、恨めしいなどの「苦」が生じる元になります**。

＊＊＊

色欲

パートナーを愛するのは自然なことです。しかし、恋人が離れてしまいそうになれば焦りが生まれ、平常心ではいられなくなります。また、相手を愛するがゆえに、自分も愛してほしいと強く願い、その**エゴが相手を苦しめることにもなります**。また配偶者のいる相手を好きになれば、思わぬトラブルが生じかねません。

＊＊＊

飲食欲

お腹がすいてくると**集中力がなくなり、イライラの原因にもなります**。また、美食を求めすぎると、満足いかない食事には、「あの店の味と比べて……」「いつもの味とは違う」などと不平不満を口にしてしまいがちになります。

＊＊＊

名欲

人は他者から認められたい、他者よりも優れていたいと願う生き物です。反面、叱られまい、馬鹿にされまいとします。たとえば部下だった者がスピード出世して、立場が逆転して自分の上司になれば、**悔しさゆえに妬み、恨みが生じかねません**。すると、元部下がいきなり横柄な態度で接してくると、許せない心理になります。

＊＊＊

睡眠欲

ここで言うのは、眠気というよりも「怠(なま)けたい」という心理状態のことです。とくに人が見ていない場面では、真面目に働こうという意識が薄れてしまいます。家庭でもついつい、「疲れているのだから早く寝させて」「休日くらいは寝坊したい」などと甘えてしまいがちです。しかし、**そんな怠惰(たいだ)は癖になり、いつしか重大なミスにつながってしまいます**。

誰もが「多欲」に陥る可能性がある

どうでしょう、誰もが「自分もそうだ」と思うフシはあるのではないでしょうか。

しかし、現実には**五欲を完全に抑制するのは不可能**です。

実はお釈迦さまは、欲を求めすぎるのも、また禁欲が過ぎるのも戒めています。つまり禁欲もまた、「欲へのとらわれ」であるからです。

そこで仏教では、**中道**を保つことが大切になってきます。

中道とは「極端を求めない」ということで、少欲知足という考えが大事になってきます。

さらに、欲が生まれる源泉に注目してみましょう。

「欲しがること」は、我々の「心の働き」によるものです。心という器は、コップのように容量が決まっているわけではありません。つまり、決して満たされることはないのです。したがって、満たそう、満たそうと思えば思うほど、際限のない欲望の淵

中道
お釈迦さまは、苦行と快楽の両極端を排することで悟りを得た。「断と常」「有と無」といった「どちらか一方」の考え方から離れたあり方を中道という。あらゆる偏見や執着から離れ、中道を実践するのが仏教のあり方とされる。

へと堕ちてしまいます。

「知足」とは、渇望することよりも、今与えられたものに対して、「十分である」と気づくこと。与えられたものに対する感謝の気持ちを持つことで、心の器は満たされるのです。

「そもそも自分は、平凡なサラリーマンで、与えられる給料やポストも大したものではない。欲を求めても限界があるので大丈夫」という人もいるかもしれません。

しかし、「少欲知足」の教えは、巨額の富を手にした「成功者」に対してだけの「戒め」ではありません。すべてのビジネスパーソンが、「多欲」に陥る可能性を抱えています。

その背景のひとつにあるのは、**企業の成果報酬型の賃金制度**だと思います。

今、日本の多くの企業は、定期昇給と成果型報酬とを組み合わせた賃金制度を敷いています。つまり、勤続年数や従業員の年齢を加味しながら毎年、少しずつ、賃金が上がっていく中で、成果を上げた労働者は、より多くの報酬を得られる仕組みです。

定期昇給型の賃金体系

成果報酬型の賃金体系

新卒時に年収300万円の人が、30歳時には主任を任され年収500万円になり、40歳時に課長で年収800万円、50歳時には部長になって念願の1000万円超え……。そんな賃金モデルを敷いている企業は多いでしょう。

完全な年功序列、定期昇給型の賃金体系であれば、「ああ、そんなものかな」と諦めもつくかもしれません。しかし、そこに成果主義がプラスされると、いかに社内ポストと賃金を上げていくか、ということに苦心しがちになります。

このシステムは、常に成長を求めたがる人間の特性を、企業側がうまく利用したもので、企業が成長拡大路線を敷いていく上では理にかなったものと言えるでしょう。

しかしながら、ここに落とし穴が潜んでいます。**この成果主義型システムは「何のために働くか」という本質論から、大きく逸れてしまう危険性を秘めているのです。**

カネとポストが「目的」になっていないか

本来ならビジネスパーソンにとって、社会の中でいかに役立つ製品やサービスを提供していくか、そこで自分はどのような役割を果たしていくか、という「労働の本質」

こそが大事なはずです。

新人時代には、おそらくほとんどの若者がこうした確固たる理念を強く抱いていたでしょう。しかし、企業内で競争の原理が働けば、自分自身のポストや報酬額が「第一目標」になってしまい、労働の本分が見失われてしまいがちになります。


そこで多くの労働者は、開き直ってこう言うのです。

「家族を支えるためには、カネがいる」

「ポストが自分を成長させてくれる」

確かに、この意見もわからぬわけではありません。しかし、厳しい言い方をすればそれは、美辞麗句の言い訳に過ぎません。

カネとポストが「目的」になってしまえば、もうそれはニンジンをぶら下げられた馬と同様です。前に、前にと走り続け、仮に組織のトップの座を手に入れても満足し尽くすことはありません。

年収が900万円を超えれば目の前の1000万円の大台に手を伸ばしたくなるのは人の性(さが)です。年収1000万円を超えてもその欲望は止まりません。次は1500万円が目標になります。その次は2000万円、さらにその次は5000万円……。それは際限なく続くのです。

どこかで「知足」に気づけるかどうか。ふと、どこかで立ち止まって、冷静になって考えてみてください。

「本当に今以上の収入が必要なのですか」

「企業内の地位が、あなたや家族を幸せにしますか？」

大切なのは、日々を誠実に向き合い、目の前の仕事をやり切るということです。そうすれば自ずと成果は上がっていくものです。

今一度、「働く」原点に立ち返ってもらいたいものです。カネやポストを手に入れるために、あなたは今の仕事を選んだのですか？

仏教の教え

すべてのビジネスパーソンが多欲に陥る可能性がある。誰かと比べたりせず、自分の置かれた環境にまず感謝する。そして、自分が何のために働いているのかを再確認すること。

我他彼此（がたぴし）

Equality Awareness

▼

平等の意識

「自分と他者」「あれとこれ」など、物事が対立して前に進まないこと。

連鎖するパワハラ

こんな人は参考にされたし

- 組織のリーダーとして、いろいろな立場の人を束ねる人
- 社外のビジネスパートナーとともに仕事を進める立場の人

自己防衛本能との闘い

職場のハラスメントがなくならないワケ

増え続ける「嫌がらせ」

近年、組織のパワーハラスメントや、セクシャルハラスメントに関する不祥事が相次いでいます。

記憶に新しいのが、吉本興業トップによる所属芸人へのパワハラ騒動ではないでしょうか。不祥事を起こし、謝罪会見をしたいと訴える芸人に対して社長が、

「会見をやってもええけど、ほんなら全員連帯責任でクビにするからな。俺にはお前ら全員を首にする力があるんだ」

反社会的勢力の会合に出席して金銭を受け取った問題で、記者会見する宮迫博之さん（左）と田村亮さん

などと言い放ったといいます。

遡れば、わが国が不況にあえいでいた2000年代初頭。メーカーなどの多くの企業で大規模なリストラが実施されました。そして、人減らしのために辞めてほしい社員を「リストラ部屋」に閉じ込めるなどの、露骨な嫌がらせが横行しました。窓のない殺風景な部屋で電話受けなどの単純作業をひたすらさせ、退社に追い込むといった手法です。これは、組織ぐるみの悪質なパワハラと言えるでしょう。

ここ数年はコンプライアンス遵守が叫ばれ、企業内での研修や内部通報制度が拡充してきました。目に見える形でのパワハラやセクハラは少なくなってきているようにも思えます。しかし、社外などの見えないところで様々なコンプライアンス違反が横行し、苦しんでいる人が大勢いるのも現実です。

最近では、「就活セクハラ」のニュースがちらほら聞かれます。人気企業に所属する会社員が、ＯＢ訪問でやってきた学生に選考をちらつかせてデートに誘ったり、しつこく連絡したりする事例が多数報告されています。

Column

なぜ勤め人の自殺が多いのか

厚生労働省自殺対策推進室によれば、『「勤務問題」を原因・動機とする自殺者数』は2011（平成23）年に2700人のピークを迎え、現在でも2000人規模で推移しているとみられます。**この統計で多くを占めるのが30代、40代の働き盛り。**成果を求められる世代でもあり、職場の人間関係に苦しみ、自殺に追い込まれている人も少なくないことでしょう。また、**20代の自殺者も一定数いるのも見逃せません。**企業は、こうした悲劇を生まない企業風土をつくっていかねばならないでしょう。

「勤務問題」を原因・動機とする自殺者数（平成30年）

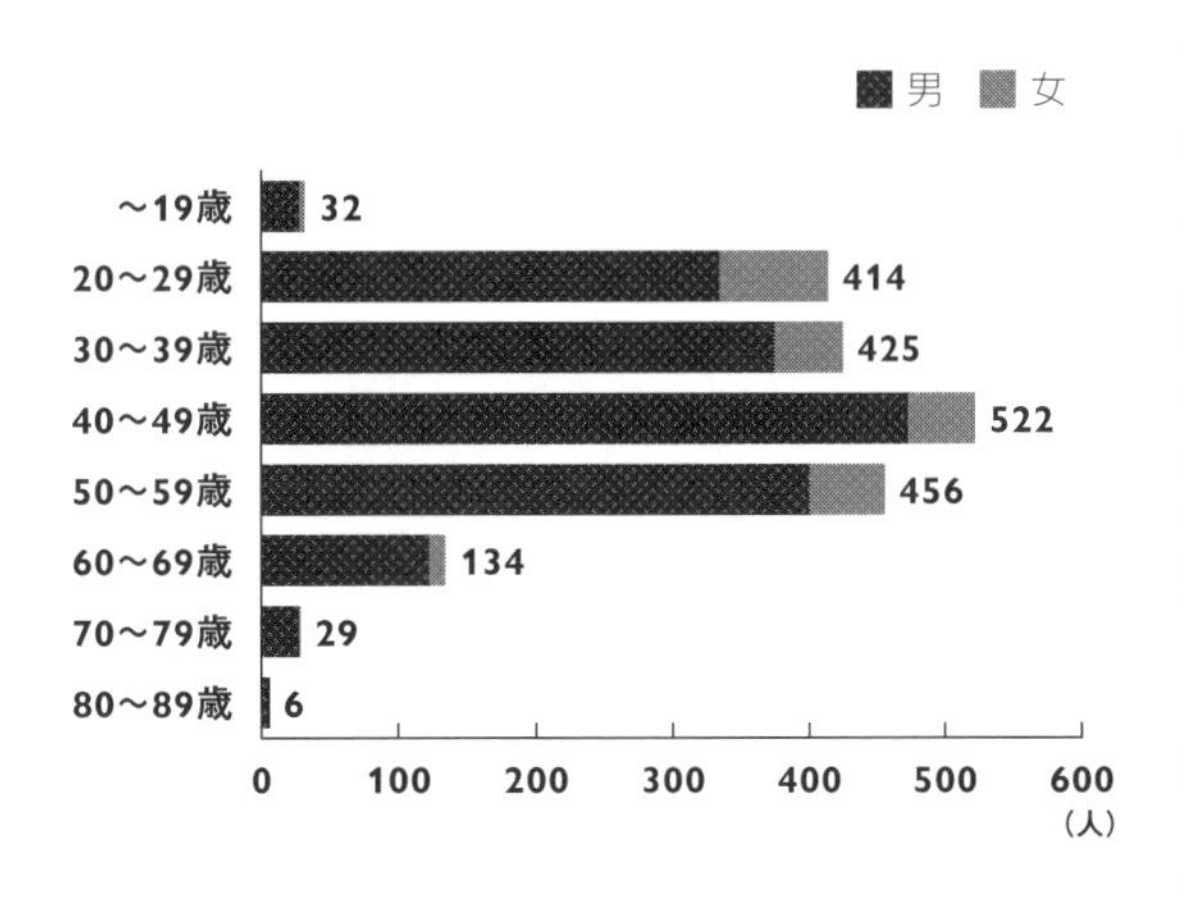

出典：厚生労働省「平成30年中における自殺の状況」より著者作成

あなたの会社は、ガタピシしていないか？

パワハラもセクハラも、立場の差を利用して相手を傷つける卑劣な行為です。こうした組織は、「ブラック企業」と呼ばれ、非難の対象になっています。しかし、ブラック企業根絶には程遠いのが実情です。

そうしたブラック企業は、労働者本位の健全な組織とは言えません。社内全体の人間関係がギスギスしていけば、いずれは組織全体が傾いてしまうことでしょう。

何事も円滑にいかないことを、家屋の建具の不具合になぞらえて「ガタピシ」と言うことがあります。今では木の建具が少なくなってきましたから、ガタピシという言葉は死語に近くなってきましたが、昔はよく「ふすまが、ガタピシしてきた」などと言っ

たものです。あなたの会社はガタピシしていませんか。

ガタガタ、ピシピシという擬音語から「ガタピシ」が生まれたと思う人は、多いでしょう。しかし、実は仏教用語なのです。漢字で書けば「**我他彼此**」です。「我他彼此見」という使い方もします。

　これは、「我＝自分」と「他＝他人」、あるいは、「彼岸＝悟りの世界」と「此岸＝迷いの世界」との二項対立の構図を表したものです。

仏教は本来、**無我（永遠不滅の実体があるものは存在しない＝とらわれない）**の悟りの境地を理想としていますので、

「私は、もっと評価されてもいいはず」

「あいつが、社長だからうまくいかないんだ」

というネガティブな意識を持っている人は、悟りからは程遠い「迷い」の状態にあると言えるでしょう。このような人は、日頃の行動が独善的（自分にとらわれた状態）になり、他者への気配りができません。ひいては、パワハラやセクハラなどの問題行動を引き起こしかねません。

　多くの組織では、同僚たちと比較する形で、相対的な成果が問われます。なかには自己の評価を上げるために相手を攻撃し、陰で誹謗して相手を陥れる者も決して少な

くないです。客観的に見れば、それは「自己防衛」の裏返しなのでしょう。しかし、攻撃されるほうはたまったものではありません。

他者を傷つける行為は、お釈迦さまも嘆きのタネであったようです。お釈迦さまは、このようなことを言っています。

愚かな人は他人に害を与えることを好む。
その言葉にはまごころや真面目さがない。
他人に与えることをしないで、奪うことをする。
そのような人は好んで他人の女を犯す

（法句経第26章　10）

──『原始佛典　全訳『法句経』』宮澤大三郎著

今風に言い換えれば、

「パワハラをする人は自制が利かないのが特徴で、言葉遣いも荒く、人の成果をも自分の手柄のようにし、セクハラも犯す」

ということでしょう。あなたの会社に、このような暴力的でかつ、女性関係にもだらしない上司や同僚はいませんか？

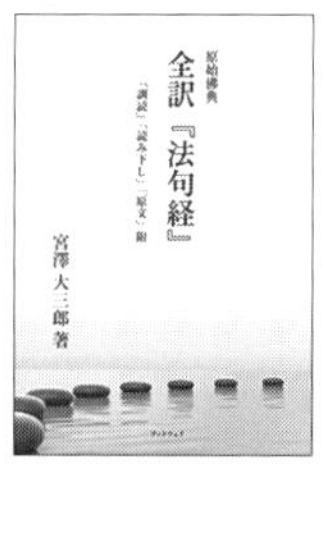

『原始佛典　全訳『法句経』』
宮澤大三郎著
ブックウェイ／2017年

非難されない人はいない

また、お釈迦さまは、パワハラの気のある弟子をこのように諫(いさ)めていました。


”アトゥラよ、これは昔にも言うことであり、いまに始まることでもない。沈黙している者も非難され、多くを語る者も非難され、すこしく語る者も非難される。

世に非難されない者はいない“

（法句経第17章 227）

――『ブッダの真理のことば 感興のことば』中村元訳

詳しく解説しましょう。

お釈迦さまの弟子にアトゥラ信者という、相手を思いやれない者がいました。彼はある時、教えを授かりに、「禅定(ぜんじょう)第一」と呼ばれたレーヴァタ（離婆多）長老のところに向かいました。

しかし、レーヴァタ長老は静かに瞑想をするだけで、何も語ろうとしませんでした。

ムカッとしたアトゥラ信者はレーヴァタ長老を罵り、去っていきました。

次にアトゥラ信者が向かったのは、サーリプッタ（舎利弗）長老のところでした。サーリプッタ長老は「智慧第一」と呼ばれ、お釈迦さまから最も信頼されていた人物です。サーリプッタ長老はアトゥラ信者に理解できないような難解な説法を始めました。すると、また彼は怒って去っていきました。

次にアトゥラ信者が向かったのがアーナンダ（阿難）長老のところでした。長老は「多聞第一」と呼ばれ、お釈迦さまのとくに近くで仕えた人物で知られています。アーナンダ長老は子供に理解させるように、やさしく説法をしました。しかし、アトゥラ信者は「物足りない」と腹を立ててしまいました。

そして、最後に向かったのがお釈迦さま（ブッダ）のところでした。お釈迦さまは、上記のようにアトゥラ信者を諭した上で、

「愚かな者たちの非難や賞賛には際限がない」

と嘆きました。

お釈迦さまの時代も、今も、組織の中での人間関係は似たようなものだったようです。常に自分を正当化し、相手の非をなじるような者に、己の愚かさを気づかせ、改心させることは至難の業です。

ジャック・ウェルチ
John Francis "Jack" Welch Jr. (1935-)
米国マサチューセッツ州出身。1960年にゼネラル・エレクトリック社に入社。1981年から2001年までGEの最高経営責任者（CEO）兼会長として君臨。時価総額で同社を世界一に導く。

勝利者が勝ち取るものは敵意

「伝説の経営者」とも呼ばれた米国ゼネラル・エレクトリック（GE）社を率いたジャック・ウェルチ氏は、

「自信のある人間は異論を歓迎し、素直に耳を傾ける勇気を持つ」

との名言を残しています。裏を返せば、自分の思い通りにいかない相手を攻撃するような者は、「自分に自信のない臆病者」ということかもしれません。

したがってパワハラやセクハラの原因が、自分に自信の持てない者の「嫉妬」に由来することはよくあることです。お釈迦さまはこのように言っています。

“勝利者が勝ち取るものは敵意である。
敗れた人は苦しんで萎縮する。
心穏やかな人は、勝敗を捨てて安らかに過ごす“（法句経第15章　5）

――『原訳「法句経」一日一話』アルボムッレ・スマナサーラ著

勝利者が勝ち取るものは敵意――。悲しいかな、これは人間世界の真理のようです。

たとえば、誠実に仕事に向き合う若い社員がいたとします。その彼が成果を出し、プロジェクトのリーダーになり、順調に出世の階段を上っていき、将来を嘱望されるようになりました。しかし、先輩社員や同期の中には、妬んだり嫉んだりする者も少なからずいるものです。嫉妬に支配された者は、強い立場の会社幹部にすり寄り、相手を蹴落とそうと必死になります。


私も20年の会社員人生の中で、しばしばそのような局面を見てきました。

たとえばAさんは人柄も申し分なく、部下や取引先からも信頼される優秀な人材でした。しかしある時、これまでのキャリアを否定するような無関係の部署に、不自然に異動になりました。Aさんはとても正義感が強く、常に部下を守る姿勢を貫いていましたが、それが逆に上役にとっては楯突いたように見え、Aさんを排除したのです。

Aさんは、この人事で苦しみ、うつに近い状態になり、最終的には会社を去っていきました。お釈迦さまが、

『原訳「法句経」一日一話』
アルボムッレ・スマナサーラ著
佼成出版社／2003年

「心穏やかな人は、勝敗を捨てて安らかに過ごす」と述べたように、組織の論理から離れたAさんは現在、フリーになって、精力的に活動されています。

たかが言葉、されど言葉

人間関係を決定づける「言葉遣い」

4つの禁句

では、パワハラ・セクハラをしない、されないためにはどうすればよいのでしょう。

ひょっとしてあなた自身、パワハラをしてしまう気質がある、と自覚しているケースがあるかもしれません。

そんな人は、第一に実践していただきたいのが「**言葉遣い**」です。言い換えれば、「正しい言葉（正語）を使う」ということです。

”荒々しいことばを言うな。言われた人々は汝に言い返すであろう。怒りを含んだことばは苦痛である。報復が汝の身に至るであろう“（法句経第10章 133）

――『ブッダの真理のことば 感興のことば』中村元訳

正語の具体的な実践方法として、以下の4つがあります。

①不妄語（＝嘘をつかない）

②不悪口（＝悪口を言わない）
③不両舌（＝仲違いさせるような言葉を言わない）
④不綺語（＝飾り立てたり、ちゃかしたりするような言葉遊びをしない）

私たち人間にとって、言葉はコミュニケーションをとるために不可欠な要素です。言葉は情報伝達、意思疎通などの大切な役割を果たしますが、時には使い方ひとつで相互の関係性が、崩壊するものです。★

かの**弘法大師空海**も同様のことを言っています。

「人の短をいふ事なかれ
己が長を説く事なかれ」
（人の欠点を指摘してはいけない。自分の長所も自慢してはいけない）

たとえば、東京・新橋の居酒屋などに行けば、上司が部下を前にして、
「おまえのこういうところがいけない」
「俺は若い頃、休みも取らずに黙々と仕事をしたもんだ」

★「売り言葉に買い言葉」「ああ言えばこう言う」など相手の乱暴な言葉に対して、いちいち応酬してしまうと、人間関係を悪くする。

空海
（774-835）
平安時代の僧。唐に渡り、密教を修した。帰国後は高野山を開き、満濃池を改修するなど尽力。真言宗の祖となり、「弘法大師」として知られる。

などと、くどくどと説教を垂れるシーンをよく見かけますが、これはいけません。仮に仕事上の指導をする局面があったとしても、社内の会議室で冷静に、端的に言えばよいのです。

もっと言えば、部下や後輩に対して、上から目線の偉そうな言葉遣いはいけません。そういう人に限って、上役にはペコペコしているのがオチです。

相手によって言葉や態度を使い分ける上司に、部下らは「ああ、この人は出世と保身のことしか考えていないんだな」などと、冷めた視線を送っていることでしょう。

暴力的な言葉は一人歩きする

言葉遣いに慎重にならなければならないのは、取引先に対しても同じです。

自分の会社がクライアント（カネを払う側）だからと言って、強い立場にいると錯覚して、ああしろ、こうしろと高圧的に注文やクレームをつける人がいます。

また、タクシーに乗った際、運転手さんに横柄な態度を取ったり、飲食店のウェイターさんに対して召使いに声をかけるような言葉遣いをしたりする人もいます。こう

Column

「ひと言」が招いた惨劇

上下関係がもたらした怨恨(えんこん)による殺人の事例は、枚挙にいとまがありません。

記憶に新しいところでは2018年4月、滋賀県彦根市の交番で警察官が部下の巡査に射殺される事件があり、社会に大きな衝撃を与えました。

取り調べでは、巡査は上司の巡査部長から日頃より厳しい指導を受け、非番の際にも書類作成などに追われていたといいます。事件当日に巡査部長から厳しく叱責されたことで日頃の鬱憤が爆発し、突発的に背後から2発発砲して殺害。巡査は取り調べで、

「能力を否定されて自尊心を傷つけられた」

と述べています。

巡査部長は常に巡査のことを気にかけ、親心がついつい厳しい口調になっていたようです。

この事件は決して特殊な事例とは言えません。どこでも起きうる事件と言えるでしょう。もちろん、加害者である巡査に最大の非があるのは当然ですが、ひょっとして避けられた事案かもしれないと思うと、残念でなりません。

滋賀警官銃撃の現場となった河瀬駅前交番（彦根市）

いう人は、人間性が疑われます。

あなたが投げかけた暴力的な言葉はその後、ひとり歩きをします。

あなたから、人間性を否定された取引先の人や、罵詈雑言を投げつけられたタクシーの運転手さんはきっとその日は悔しさと情けなさで、心穏やかにいられないでしょう。彼らは帰宅後、ひょっとして奥さんに冷たい態度を取ってしまい、家庭崩壊を招く可能性もあります。言葉から生じる憎悪は、病原体のウイルスのようにどんどん伝播し、社会全体の中で負の連鎖を起こしてしまうのです。

”へりくだり、やさしい言葉で話す人は、他人にうやまわれて迷うことなく悪事にはかかわらないのでうらまれることは早く自然と無くなる“ （法句経第8章 2）

——**原始佛典 全訳『法句経』** 宮澤大三郎著

誰に対しても、常に敬意を払い、丁寧な言葉を使うように心がけたいものです。

オフィスで実践！「椅子座禅」

1. 椅子の上に胡坐（あぐら）をかく
2. 丹田（たんでん）（おへそ）に力を入れて、背筋を伸ばす
3. スーッと深呼吸をしながら、目を閉じる（5分くらいそのまま）

短時間で、すっきりした頭で仕事に取りかかれます。
いいアイデアが浮かんだり、悩みが吹き飛ぶことも。

まずは、相手のことを思う

正語を心がければ、和顔（わげん）（P110参照）につながります。これを**和顔愛語（わげんあいご）**と言い、無量寿経（むりょうじゅきょう）というお経に書かれています。丁寧に言葉を選んでいけば、相手から慕われ、自分も相手も穏やかな表情になるということです。和顔愛語の経文（きょうもん）には続く言葉があります。

それは、**先意承問（せんいじょうもん）**です。

つまり、「相手の気持ちを敏感に察し、相手のために何ができるのかを自問自答すること」です。

常に正語を心がけ、「和顔愛語　先意承問」を実践することは、共生（きょうせい・ともいき・ぐしょう）という概念にもつながります。縁起（P92参照）とも同義です。共生とは相手を尊重し、ともに助け合いながら生きていく、こと。共生の考え方は、近年、多くの仏教教団が宗教理念の中に取り入れているだけでなく、社会全体のスローガンにもなっています。

それでも、自分はどうしても攻撃的な性格を抑えられない、正義感ゆえ自分にも他人にも厳しく当たってしまう、という人はどうすればよいか。ぜひ、**マインドフルネスや座禅**などの瞑想を実践してもらいたいです。

瞑想に関する書物は多いですし、マインドフルネス教室なども多数開催されています。瞑想はストレスを軽減させる、感情がコントロールできるようになる、うつを予防するなどの効能が期待できます。

今、ＩＴ企業を中心にマインドフルネスを取り入れている企業は多いです。一度、実践されてみるのもよいかもしれません。

パワハラを受けたらどうするか

では、相手からパワハラ攻撃を受けた場合はどうするか？　まず、責められる自分自身が悪いんだ、と責任を感じないことが肝要です。

”戦場の象が、射られた矢にあたっても耐え忍ぶように、われはひとのそしりを忍ぼう。多くの人は実に性質（たち）が悪いからである“（法句経第23章 320）

──『ブッダの真理のことば 感興のことば』中村元訳

その上で、お釈迦さまは動じない心を持とうと述べています。

”一つの岩の塊りが風に揺がないように、賢者は非難と賞賛とに動じない“（法句経第6章 81）

──『ブッダの真理のことば 感興のことば』中村元訳

”愚者は、荒々しいことばを語りながら、『自分が勝っているのだ』と考える。しかし、誹り（そし）を忍ぶ人にこそ、常に勝利があるのだ、と言えよう“（ウダーナヴァルガ第20章 13）

──『ブッダの真理のことば 感興のことば』中村元訳

言い換えれば、右から左へと受け流すことも必要、ということかもしれません。
しかし、そうは言っても、耐え忍ぶことができない、うつになりそうだ、という人はいるでしょう。
その場合は、会社に見切りをつけ、退社する決断も視野に入れるべきだと思います。
なぜなら、お釈迦さま自身が、苦行から逃れることで悟りを開いた人だからです。

お釈迦さまは出家した当初、修行の仲間らと激しい苦行を6年間、続けていました。
苦行をすることで迷いから脱し、その先に悟りがあると考えていたからです。断食を繰り返し、体を痛めつけ……。しかし、お釈迦さまは、安らぎを得ることができなかった。

そこでお釈迦さまは、苦行という極端なことはやめ、「**心の安寧**」を求めることに専念されたのです。そして、菩提樹（ぼだいじゅ）の下での瞑想の中で、悟りを開かれます。

このように、会社勤めを「現代の修行」とするならば、理不尽な要求やパワハラは「苦行」とみられなくもありません。

しかし、よく考えてください。

会社勤めにおいて、苦行が本来の目的ではないはず。本来は心身ともに健全な状態の中で、誠実に仕事に向き合って成果を出し、自身や家族ともに充実し、あなた自身が心穏やかな毎日を送ることが大事なのです。

そのために、どういう立ち振る舞いをするべきか。次項では、お釈迦さまが悟った「中道」という仏教の根幹をなす考えをご紹介しましょう。

仏教の教え

自分の言動を振り返り、相手を不快にさせていないか自問してみる。
また、今の環境に耐えられなくなったら、
思い切って会社を辞めるのも選択肢のひとつ。

【中道】
ちゅうどう

Moderation

▼

節制

二項対立を離れ、両極端を避けて、何事にも偏りのない生活を送ること。

ニートと老後

こんな人は参考にされたし

- なんとなく今の仕事に
やりがいを持てなくなってしまった人
- 周囲の言動に対してイライラしがちな人

存在意義の置き場所を見出す

働く意味を言えますか？

寿命を切り売りして働いている

「なぜ、あなたは働くのですか？」

そう問われた時、あなたはどう答えますか？

「目の前の仕事に向き合うことだけで精一杯。そんな哲学的、根源的なことを考える余裕などない」

と思われる方も多いことでしょう。そんな日々に忙殺されているあなただからこそ、

現代人の「働く意味」

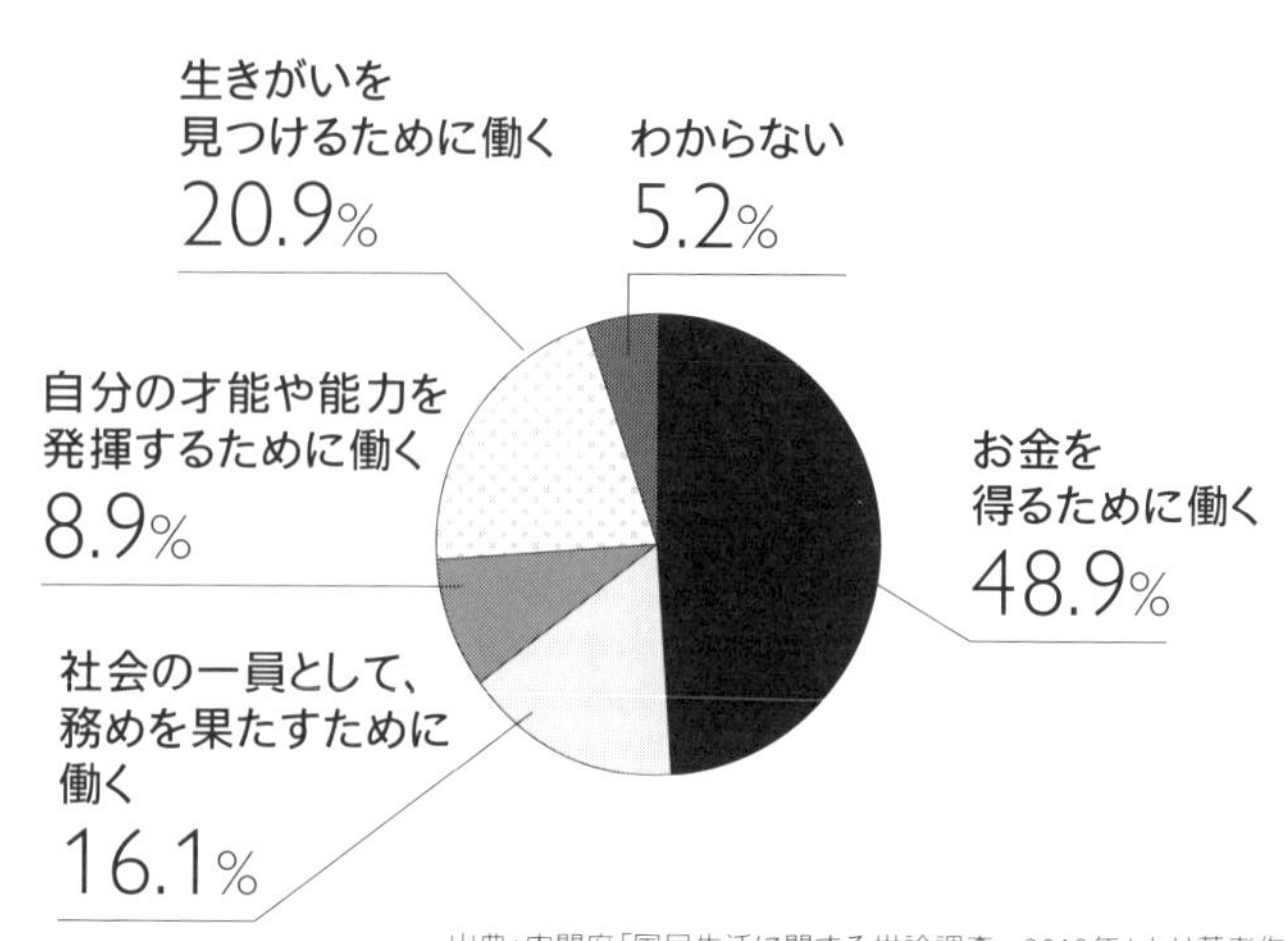

出典：内閣府「国民生活に関する世論調査　2013年」より著者作成

ふと立ち止まり、静かな環境に身を置いて、自問自答してみることが必要です。

現代人に「働く意味」を問うた時、おおむね以下の回答に集約されます。

① **「生活するために必要不可欠なことだから」**（生きる・お金）
② **「自分の能力を発揮し、成長するため」**（楽しむ）
③ **「今の仕事が生きがいであり、人生を楽しむ手段だから」**（楽しむ）
④ **「お金をいっぱい稼いで満たされた人生を送るため」**（お金・楽しむ・生きる）
⑤ **「誰か、何かのために尽くし、社会に貢献するため」**（利他）
⑥ **「堕落しないため」**（生きる・お金）

内閣府が実施した「国民生活に関する世論調査　2013

年」によれば、「お金を得るために働く」とした割合が約49％と、最も多くを占めていました。①～⑥のうち、お金がからむのは①④⑥です。では、「お金を稼ぐこと」は何を意味するか。それは、「生きるため」とほぼ同義と言えるでしょう。

つまり、3つの項に共通するのは、**「生きるために働いている」**ということになります。

「生きるために働く」と考える人は、お金を得ることが仕事の目的なので、
「収入さえ見込めれば別に他の仕事でもよい」
「宝くじで3億円当たったら会社を辞めてもよい」
などとするケースは多いのではないでしょうか。

この3つの質問のうち④**「お金をいっぱい稼いで満たされた人生を送るため」**は、①⑥とはニュアンスが違うのでは、と疑問を持つ人もいるかもしれません。

しかし、④も逆説的に見れば「お金がなければ、満たされた人生が送れない」ということですから、こちらもやはり、「生きるために働く」「お金本位で働いている」ということになるでしょう。

ここでちょっと、目線を変えてみます。「労働はお金と引き換えである」とした場合、こう言い換えることができるでしょう。

「労働は時間（命）と引き換えである」

給料計算は時給や日給、月収、年収で決められているように時間軸が基準になっています。つまり、あなたは80年、90年という寿命を切り売りして、働いているということになります。

この論理でいえば、給料が高ければ高いほど、長い寿命を手に入れたことになります。低収入の人は高収入の人に比べて寿命が短いことになります。

定年後に抜け殻になってしまうのはなぜか

では、定年して収入がゼロになった場合はどうなるでしょう。

「労働＝お金＝時間＝命」と定義すれば、定年後の人生は「だらだら生きているだけ」

の意味のないものとなってしまいます。しかし、この考えに釈然としないという人もいるでしょう。

イギリスの経済学者**ジョン・メイナード・ケインズ**はこのようなことを言っています。

「生きるために働く必要がなくなった時、人は人生の目的を真剣に考えざるを得なくなる」

つまり「**経済的な豊かさ＝生きる目的**」を失った定年後にこそ、「**精神的な豊かさ＝人生の本来の目的**」と向き合える、ということです。

しかし、定年後、新しい目標を見つけて生き生きと活動する人と、抜け殻のようになってしまう人の両方がいるような気がします。後者の場合、お金にとらわれすぎているからではないでしょうか。

続けましょう。

②「自分の能力を発揮し、成長するため」や**③「今の仕事が生きがいであり、人生**

ジョン・メイナード・ケインズ
John Maynard Keynes
(1883-1946)
イギリスの経済学者。政府による経済への積極的な介入を主張したケインズ理論を展開。アメリカのニューディール政策にも大きな影響を与えるなど今日の経済政策の礎を築いた。

を楽しむ手段だから」は、実にポジティブな考えで、ビジネスパーソンの理想的な回答のように思えます。

　ところが実際のところ、理想の職業と今、あなたが従事している職業はほとんど一致しません。さらに、こんなこともあり得ます。

「人事異動になったり、病気をしたり、失業・定年退職したりして、今の仕事から離れたら？」

「技術革新によって、あなたの仕事が必要とされなくなったら？」

　目まぐるしく変化するこの社会では、仕事に対するやりがいなどは、ある日、突然失われてしまうのが常です。AI（人工知能）の発達によって、AIが人間の脳を超える「**シンギュラリティ**（技術的特異点）」が早晩やってくると言われています。

　シンギュラリティの時代には、裁判官や医師のような、多くの人が憧れる知的職業ですら、AIが取って代わると指摘されています。仕事の目的が「楽しむため」というのは、現時点で恵まれた労働環境にいるからこそ、言えること。「やりがいのある仕事」が、ずっと継続される保証など、どこにもありません。

シンギュラリティ

人工知能（AI）が「人類の知能」を凌駕（りょうが）し、文明の主役に躍り出る時点を指す。米国の未来学者レイ・カーツワイルが、2005年にその概念を提唱した。カーツワイルは「2045年にシンギュラリティが到来する」と予言。氏は「AIは人類に豊かな未来をもたらしてくれる」という楽観的な見方を示している。

したがって、②**「自分の能力を発揮し、成長するため」**や③**「今の仕事が生きがいであり、人生を楽しむ手段だから」**は快楽主義・刹那(せつな)主義に近いものがあります。仕事を快楽ととらえれば、人間は欲を求め続けるのが性(さが)ですから、いずれ破綻を迎えます。これは「少欲知足」の章(P18参照)で解説した通りです。

世は「無常迅速」です。労働環境は職場の人間関係や業績などでもコロコロ変わります。そうした時、あなたは「成長し続ける」「仕事が生きがいであり続けられる」「人生を楽しみ続けられる」と言い切れますか?

専業主婦の働く動機

では、最後に⑤**「誰か、何かのために尽くし、社会に貢献するため」**(利他)はどうでしょうか。

たとえば専業主婦は、お金は稼いでいません。しかし、夫が退職などで仕事を失い、魂を抜かれたようになるのとは逆に、主婦は生き生きと老後を送るケースが多いです。

なぜでしょう。

主婦の労働の目的を解体分析してみると、利他の精神が仕事の根幹にあるからかもしれません。主婦は収入を得ているわけではありませんが、家族を衣食住の面で支え、地域と交わり、未来を担う子供を育てるといった、公共性が高い仕事を担っていると言えるでしょう。

つまり、**働く動機が「お金のため」「自己実現」などとは異なっているのです。**

⑤「誰か、何かのために尽くし、社会に貢献するため」は他の選択肢よりは、よりポジティブな労働観だと言えます。でも、⑤にも矛盾点はないわけではない。仮に病気などで「動けない」状態になった場合は、あなたの存在意義はどこに見出せるでしょうか。

バランス感覚を身につける

極端にならない生き方とは

生きるための問い

さて「働く意味」を、あれこれと、ここまで思考してきました。繰り返しますが、正解などはありません。

働く意味をじっと見つめ続けても、どこかに綻びが生じます。しかし、この思考の過程こそが大切なのです。

働く意味を突き詰めていけばいくほど、きっと、あなたは**「なぜ、自分が存在するのか」**（存在意義への問い）

を考え、そして、

「何のために、生きる（死ぬ）のか」（生きて死ぬ意味への問い）

という、命題につきあたるはずです。自分の存在意義や生きる意味がなければ、働く意味など成立しないですから。

つまり、働く意味への問答を通して、あなた自身の死生観を見つめることが、とても大切なのです。そこで、もう一度、問い直してもらいたいと思います。

「あなたは、お金のために生きるのですか？」
「自分の欲求を満たすために、生きるのですか？」

生きる意味への問答は、多くの著名な哲学者や、経済学者や、歴史上の偉人が考え抜いてきました。しかし、賢人とて、生きる意味を見出すことができませんでした。

たとえば、弘法大師空海は、このように述べています。

「生まれ生まれ生まれ生まれて生の始めに暗く、死に死に死に死んで死の終わ

りに冥し」（『秘蔵宝鑰』）
（人は何度も生まれ、死んでいくが、なぜ生まれてきたのか、なぜ死んでいくのかを誰も知らない）

弘法大師空海は説明するまでもなく、平安時代の高僧です。中国の唐に留学僧として渡り、日本に戻って密教を広めた中世の知の巨人ですが、その空海をもってしても人生の意味を見出すことは容易ではなかったようです。

ドイツの哲学者ニーチェに関しては、身も蓋もないです。

フリードリヒ・ニーチェ
Friedrich Wilhelm Nietzsche（1844-1900）
ドイツの哲学者。欧州の文明社会やキリスト教への批判を深め、「神は死んだ」と唱え、それを超越するニヒリズム（虚無主義）を説いた。

「人生に意味はなし」

作家の五木寛之氏も著作『人生の目的』の中で、

「人生の目的は、『自分の人生の目的』をさがすことである」

と言っています。

聖徳太子の有名な遺訓に、

『**人生の目的**』
五木寛之著
幻冬舎新書／２０１９年

「**世間虚仮**」（この世の物事はすべて虚構である）

と半ば、諦めのようなことを述べ、そして、その続きをこう述べています。

「**唯仏是真**」（ただ仏の教えのみ、真実である）

仏の教えこそが真実――。ニーチェもまた、このように述べています。

「**仏教は、歴史が私たちに示す唯一の本来的に実証主義的な宗教である**」

――『反キリスト者』

「中道＝ほどほど」ではない

お釈迦さまが説いた人生論とは何でしょう。

それをお釈迦さまが端的に語ったエピソードがあります。
お釈迦さまは悟りを開かれて、最初に向かった先が鹿野苑（サールナート）というシカたちが暮らす楽園でした。そこで、5人の弟子たちに最初の説法を行ったと伝えられています。これを**「初転法輪（しょてんぽうりん）」**といいます。
初転法輪では仏教の根幹をなす教え、「四諦（したい）」や「中道」「八正道」が説かれました。

初転法輪での、お釈迦さまの説法のエッセンスはこういうことです。

「この世は苦であり（四諦）、苦から解放されるためには、両極端に走らず、中道をいくことである。その中道とは具体的に、正しい道（八正道）の実践である」

中道はP34で紹介した「我他彼此」（二項対立）とは真逆の考え方で、極端にはしらない生き方をする、ということです。しかし、中道とは「真ん中を選択する」ということではありません。「ほどほどにしておく」というニュアンスとも異なります。
中道はあくまでも、八正道の実践にあります。

わかりやすく、車のドライブにたとえてみましょう。

時速50キロ制限の一般道で時速80キロを出すと、危なっかしくて仕方がありません。暴走行為を繰り返せば、いずれ大事故を起こしてしまいます。

では、時速50キロ制限の道で、時速20キロで走ればいつでも停止できるから安全、ということでもありません。今度は、後方から追突されかねません。

道の真ん中を走り続けたり、いかなる状況でも法定速度で走り続けたり、ということも極端な運転になってしまい事故を引き起こしてしまいます。

大雨で前も見えない状態や、交通量が増えてきた場合は、法定速度以下にスピードを緩めることが必要になってきますし、道路に危険物が落ちていれば、場合によっては車線を越えて避けることも必要になります。

また、運転中、隣に座っている人と喧嘩をしたり、休憩も取らずに何時間も走り続けたりしても、判断を誤り、事故を引き起こす元になります。

運転で大切なのは、正しい状況を適切に把握し、安全のために臨機応変に対処しながら運転するということ。しかも、車の運転は、「その日だけ安全運転すればいい」ということでもありません。**習慣として安全運転を心がけなければ、いずれ事故を起こし、取り返しのつかないことになりかねません。**

中道の教えとは、バランスの取れた立場で、客観的に状況を把握し、何が適正かを判断し、正しい日々を送る、ということになるでしょう。このバランス感覚を身につけるには、常に八正道を実践し、習慣にしていく必要があるのです。

仏教の教え

極端な考えを捨て、八正道（次ページ）をもとにバランスの取れた生活を送る。

四

正しい行い（正業(しょうごう)）

むやみに生き物を殺したり、
盗んだり、異性関係の乱れなど、
人としてやってはいけないことを
しない

正しい生活（正命(しょうみょう)）

自らを戒め、規則正しい生活を送り、
決して人を騙したりしないこと

正しい努力（正精進(しょうしょうじん)）

罪を犯さず、すでに犯した罪は
繰り返さないようにし、
正しい生活を送るよう励むこと

正しい意識（正念(しょうねん)）

何ものにも惑わされることなく、
物事の本質を見極め、
仏の真理に向かって邁進(まいしん)すること

正しい注意（正定(しょうじょう)）

瞑想などで心を集中させ、
煩悩を断ち切り、
涅槃へと導くこと

八正道とは……

正しい見解（正見）
諸行は無常であるということを
理解し、何に依ることもない
ものの見方をすること

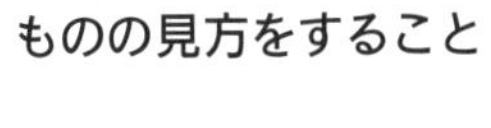

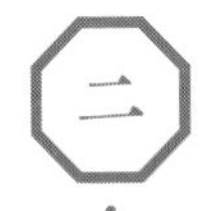

正しい考え（正思惟）
我欲や怒り、憎しみなどを捨て、
他者を害さない中立的な
考え方をすること

正しい言葉（正語）
嘘をついたり、二枚舌を使ったり、
自己に都合のよいことばかりを
言わないこと

第2講

企業の価値とは何か

——組織と仏教

「自分たちだけ儲ければいい」という会社は、これからの時代取り残されていきます。ではどうすればいいのか。営利主義に陥りがちな企業に対して、仏教の教えは多くの示唆を与えてくれます。

【利他（りた）】

Humble Life

▼

謙虚に生きる

自分より他人に対して利益を与えることを優先させること。

誰のための会社？

こんなひとは参考にされたし

CHECK!

- 組織の方向性に不安を持っている経営者やリーダー
- 会社の存在意義がわからなくなったビジネスパーソン

他社の利益を優先する

利己的な欲望は組織を破壊に導く

利益を上げながら、利益に執着しない

京セラ創業者の稲盛和夫氏は著書『成功の要諦』（致知出版社、2014年）の中で、こんなことを言っています。

「利己、己を利するために、利益を追求することから離れて、利他、他人をよくしてあげようという優しい思いやりをベースに経営していきますと、会社は本当によくなります」

『成功の要諦』
稲盛和夫著
致知出版社／2014年

托鉢

托鉢とは仏教者の修行の形態のひとつ。鉢を携えた僧侶が人々から米などの施しを受けること。日本ではとくに禅宗において重要な修行とされる。乞食（こつじき）ともいう。

稲盛氏は京セラやＫＤＤＩを創業し、近年は経営難に陥っていた日本航空を立て直すなど、「経営の神様」とも呼ばれている人物です。稲盛氏は独自の経営法「アメーバ経営」で知られています。アメーバ経営は個々の社員の採算意識を高める手法で、売上げの最大化と経費の最小化によって、利益を効果的に上げていく経営手法として注目されました。

「利益を上げながら、一方で利益に対する執着を捨てよ」というのは、一見、矛盾しているように思えます。一体、どういうことでしょうか。

稲盛氏は、１９９７年に禅寺で得度を受けていることをご存知でしょうか。稲盛氏は得度を受けた後に、修行道場に入門。真冬に**托鉢**（たくはつ）も経験しています。『日本経済新聞』に掲載された「私の履歴書」（２００１年３月）では当時の様子を語っています。とてもいい話なので、少し紹介しましょう。

「戸口で四弘誓願文（しぐせいがんもん）というお経をあげ、お布施をもらう。慣れない托鉢を続けていると、わらじの先からはみ出した指が地面にすれて血がにじんでくる。道

の落ち葉を掃除していた年配のご婦人が寄ってきて、『大変でしょう。これでパンでも食べて下さい』と百円玉を恵んでくれた。それを受けた時、私はなぜか例えようのない至福の感に満たされ、涙が出てきそうになった。全身を貫くような幸福感、これこそ神仏の愛と感動した。私は『世のため人のため尽くすことが、人間として最高の行為である』と言い続けてきた。善きことを思い、善きことを実践すれば良き結果を招く。悪いことをすれば悪い結果を招来する」

老婦人はこの雲水が稲盛氏だとはきっと、知らなかったのでしょう。

この時、稲盛氏は富や権力も捨てた修行僧の立場でした。老婦人との対等かつ純粋な関係性の中で、老婦人の純粋な布施の行為に稲盛氏は「利他の心」を感じ取ったに違いありません。

CSR、CSVも利他の考えに基づく

さて、仏教のいう「利他」とはどういう考えなのでしょう。

利他は「**利他の精神**」「**利他主義**」「**利他的行動**」などという言葉で使われます。利他とは、**自己の利益よりも他者の利益を優先する**ことをいいます。

「自利利他」という相反する2つの仏教用語を組み合わせて使われることもあります。これは、自ら修行に打ち込んで悟りを目指すとともに、他者に対しても功徳（くどく）を振り向け、救済に導くことを指します。言い換えれば、「他者が悟りを得なければ、自分も悟りを得ない（「**菩薩行**（ぼさつぎょう）」と呼ばれる）」ということです。この自利利他の完成こそが、大乗仏教の目的であるとされています。

今、大企業の中で「CSR（企業の社会的責任）活動」や、「CSV（社会貢献と企業の利益の両立）」を積極的にやっているところがあります。いずれも、企業の資本力やマンパワーを使って、公の社会に貢献しつつ、結果、自社の利益にもつなげるという考えです。

また、話題のSDGs（持続可能な開発目標）など持続可能性社会を推し進める上で、よく使われるスローガン「共生」も、仏教の「自利利他」の精神に近いものがあります。

菩薩行

菩薩行とは、自分だけが悟りを目指すのではなく、「衆生（しゅじょう）」のすべてが悟りを得るまで自分も悟りを得ない」と誓いを立てること。

Column

大乗仏教と上座部仏教

大乗仏教　：原始仏教に端を発し、中国や日本などに伝わった仏教
上座部仏教（じょうざぶ）：スリランカやタイなど東南アジアに広まった仏教

お釈迦さまは紀元前4世紀頃（諸説あり）に亡くなったとされています。その後、20ほどの部派に分かれていきます。紀元前後、部派の一部から新しい仏教運動が展開されていき（諸説あり）、『般若経』『法華経』などの経典がまとめられます。

これら新しい仏教思想を取り入れた学僧が日本で天台宗、浄土宗、日蓮宗などの宗派を設立し、現在の日本における大乗仏教が形づくられていくのです。

大乗とは「**他者の救済を目的として成仏を目指す偉大な教え**」という意味です。上座部仏教は厳しい修行を積んだ出家者だけが悟りを開けるとし、一方、**大乗仏教では出家在家を問わずに悟りを開ける**としています。

上座部仏教は、かつては「小乗仏教」と呼ばれていました。そこには、「大乗よりも劣っている」とのニュアンスが含まれており、「差別的だ」ということで今では上座部仏教と呼ぶようにしています。

マザー・テレサ
Mother Teresa
(1910-1997)
インドで活動したカトリック教会の修道女。1952年には、最期をみとるためのホスピス施設「死を待つ人々の家」を開設。1979年、ノーベル平和賞受賞。

動物さえも利他的行動を取る

利他をめぐっては、逸話がたくさんあります。

カトリックの修道女でノーベル平和賞受賞者の**マザー・テレサ**は、まさに利他を貫いた人物です。マザー・テレサは多くの貧困と向き合い、自己犠牲の精神で人々と寄り添ってきました。マザーにまつわるエピソードは利他の精神にあふれています。

＊＊＊

ある時、マザーが8人の子供を抱える貧しい家庭を訪れた時のことです。その家族は今日明日の食事もままならない状態で、命の危険にさらされていました。

マザーが家族8人分のお米を差し出すと、母親はその半分を持って外に出ていきました。驚いたマザーがその理由を聞けば、母親は「隣人も腹をすかせているから、半分分けてあげました」と返事をしました。米を隣人に分けることで、自分や家族が命の危険にさらされる可能性があるにもかかわらず……。

それを聞いて感動したマザーは翌日、再びその家庭に米を持って行きました。

＊＊＊

真の利他とは、一切の見返りを求めない慈しみの行為であるということができます。これを「**慈悲**」ともいいます。

人間だけではありません。利他的行動、慈悲的行動をする動物はたくさんいます。たとえば、チドリやキジなどの鳥は外敵が、巣を襲撃してくると擬傷（ぎしょう）と呼ばれる行動で身を守ることが知られています。あえて敵に向かって飛び込んでいき、わざと足を引きずる行為を見せて巣から注意を逸らせるのです。

本来、親鳥は卵を犠牲にし、さっさと飛んで逃げてしまえば、安全は確保できます。しかし、外敵に捕捉されるリスクを冒してでも子供を守ろうとする擬傷行為は、まさに利他的行動と呼べるでしょう。

シカは、血縁関係がなくても利他的行動を取る動物です。外敵が襲ってきた時、群れの仲間を守るために見張り役の鹿が警戒の声を発し、仲間を逃がします。

ほかにもチンパンジーやイヌなどは、たとえば自分の取り分が減ってしまうのをわかって、相手と餌を分け合う行動を見せる時があります。

慈悲
生きとし生けるものに対して、苦を取り除き、楽を与えたいとする（抜苦与楽（ばっくよらく））心の作用のことをいう。

利益がもたらされるのは、社会や人々のために尽くした後

さて、稲盛氏の話に戻ります。稲盛氏は「利他の精神がなければ、企業は没落する」とさえ述べています。それはどういうことでしょうか。

２０１５年６月に行われた稲盛氏の講演会から、氏の言葉を引用したいと思います。

「自己の欲望を満たすという一点張りで、策を弄（ろう）するならば、相手も必ず『自分だけうまくいくように』と考えて、利己的な対抗策を打ってきますから、そこには必ず軋轢（あつれき）が生じてまいります。また、利己的な欲望を原動力として、事業を成功させればさせるほど、経営者は謙虚さを失い、驕（おご）った態度で人に接するようになります。そして、それまで会社の発展に献身的に働いてくれた社員達をないがしろにするようになっていきます。そのような謙虚さをなくした経営者の姿が、やがて社内に不協和音を生じさせ、ひいては企業の没落を招く原因となっていきます」

つまり、経営に向き合う社長の姿勢により、そこで働く社員の行いも変わってくるということです。

「さらに深刻なのは、経営者があまりに利益の追求に終始して、『人間として何が正しいのか』という基本的な倫理をなおざりにした結果、法律や倫理を逸脱したり、会社にとって不都合な事実を隠蔽（いんぺい）したりして、社会から糾弾を受け、退場していくことがよくあります。このように、利己的な欲望をベースとして、会社を起こし、苦労を重ね、せっかくすばらしい企業を築きあげた経営者が、やがて自身の利己的な心によって企業を衰退させ、晩節を汚すという例は、世界中で枚挙にいとまがありません」（稲盛経営哲学研究センター開設記念講演会「なぜ経営に『利他の心』が必要なのか」2015年6月25日　立命館大学大阪いばらきキャンパス）

稲盛氏の言葉を借りれば、利他の実践が今の企業経営には欠けているのではないでしょうか。

稲盛和夫
Kazuo Inamori（1932-）

Column

利他行に反する不祥事

記者会見で頭を下げる、関西電力会長を辞任する八木誠氏（左）、岩根茂樹社長

はからずも、本書の執筆中、稲盛氏が「せっかくすばらしい企業を築きあげた経営者が、やがて自身の利己的な心によって企業を衰退させ、晩節を汚す」と苦言を呈した通りの不祥事が起きてしまいました。

2019年秋に明るみに出た**関西電力幹部による金品授受問題**です。関西電力の会長、社長、副社長、常務執行役員ら役員20人が、福井県高浜町の元助役から、現金や小判、1着50万円もするスーツの仕立て券など計3億円以上もの裏金を受け取っていたのです。なかには金貨が忍ばせてあった菓子折りを受け取っていたケースもあったといいます。

電力事業は極めて高い公益性が求められます。電気が社会のすみずみに至るまで安定供給されなければ、生命の危険にさらされることもあります。したがって、電力会社経営者はいかなる権力にも寄らず、清廉（せいれん）であり、公平でなければならないはずです。しかし、会社権力の座につくや、慢心し、利益の追求に終始し、犯してはならない一線を越えてしまったのです。

まさに、「人間として何が正しいのか、何をやってはいけないのか」を完全に見誤った最悪の不祥事と言えるでしょう。繰り返しますが、**経営における利他行とは、社会や人々のために尽くすこと。**その結果として、利益がもたらされるのです。

働き方を見直す前に、社是を見直せ

社是に込められた「企業のあり方の指針」

社是はお経

では利他を貫くには、何をすればいいのでしょうか。

かつて利他行は、老舗企業の多くが実践してきました。この利他の精神が、とてもよく表現されているのが「社是」だと思います。

ここで少し、「社是」について述べてみようと思います。

あなたは、自社の社是を諳んじて唱えることができますか？

20世紀初頭の金剛組

社是は、言い換えれば企業が定めた「お経」のようなものととらえてよいかもしれません。企業のあり方の指針であり、創業者の理念がそこに込められていることもあります。近年は、「社是」とは呼ばず、「企業理念」などとする企業も多いですが、基本的にはどの企業の社是も言っていることはほとんど変わりません。

共通するのが「**社会のお役に立つ**」ことです。

社是の歴史を遡れば、あるひとつの企業にたどり着きます。創業1440年、世界最古の企業として知られる寺社建設業金剛組(こんごう)（大阪市天王寺区）です。金剛組には江戸時代中期に「職家心得之事」が制定され、そこには、以下の16箇条が記されています。

一．儒仏神三教の考えをよく考えよ
一．主人の好みに従え
一．修行に励め
一．出すぎたことをするな
一．大酒は慎め

一．身分に過ぎたことはするな
一．人を敬い、言葉に気をつけよ
一．憐れみの心をかけろ
一．争ってはならない
一．人を軽んじて威張ってはならない
一．誰にでも丁寧に接しなさい
一．身分の差別をせず丁寧に対応せよ
一．私心なく正直に対応せよ
一．入札は廉価で正直な見積書を提出せよ
一．家名を大切に相続し、仏神に祈る信心を持て
一．先祖の命日は怠るな

江戸時代に、今でもおおかたが使える内容の社是がつくられていたのは、驚きです。同社の社是の冒頭には、「神仏儒の三教の考えをよく考えよ」とも書かれていて、社是のルーツは、仏教の教えそのものだと言ってもよいかもしれません。

稲盛和夫氏が名誉会長を務める京セラの社是は「敬天愛人（けいてんあいじん）」です。同社は敬天愛人

の説明として、

「常に公明正大　謙虚な心で　仕事にあたり　天を敬い　人を愛し　仕事を愛し　会社を愛し　国を愛する心」

としています。京セラの社是も、かなり仏教的とも言えます。

ゴーン氏や西川廣人前社長の不祥事の渦中にある日産自動車はどうでしょう。日産には「ビジョン」と掲げた社是があります。そこには、「人々の生活を豊かに」と書かれています。

グループ会社で性能データ改竄のあった三菱マテリアルを見てみましょう。企業理念に「人と社会と地球のために」をうたっています。

燃費などの測量データ改竄に関わっていたスバル。企業理念の第2項目に「私たちは常に人・社会・環境の調和を目指し、豊かな社会づくりに貢献します」と述べています。不正融資問題で揺れているスルガ銀行は、企業理念の中で「いつの時代にも社会から不可欠の存在として高く評価される企業」としています。

どの企業も、素晴らしい理念を掲げています。もし、社是に「利益優先」「儲けのためなら手段を選ばない」「合理主義を貫け」「成長し続けよ」などの文言がある会社は就職を避けたほうがよいかもしれません。

地位名声を手に入れた経営者ほど、社是を今一度見つめ直し、謙虚に実践するべきです。

今多くの上場企業は四半期ごとの数値目標を掲げ、その目標が達成できるかどうか、懸命になっています。そんな経営環境の中で、利他の精神が見失われてはいないでしょうか。利益を確保することの目的が、「組織の中での、自分のポストや立場を守ること＝利己主義」になってはいないでしょうか。

改めて、あなたの働き方を問い直してみる必要がありそうです。

仏教の教え

地位名声が手に入ると、足下が見えなくなる。
会社が何のために存在しているのか、
そこで自分は何をすべきなのか、思いを馳せてみる。

縁起（えんぎ）

Governance

▼

ガバナンス（企業統治）

無数の因縁が影響し合って「私」をつくり出すこと。あるいは、すべての現象は、原因や条件が相互に関係し合って成立している状態を指す。

倒産の因果

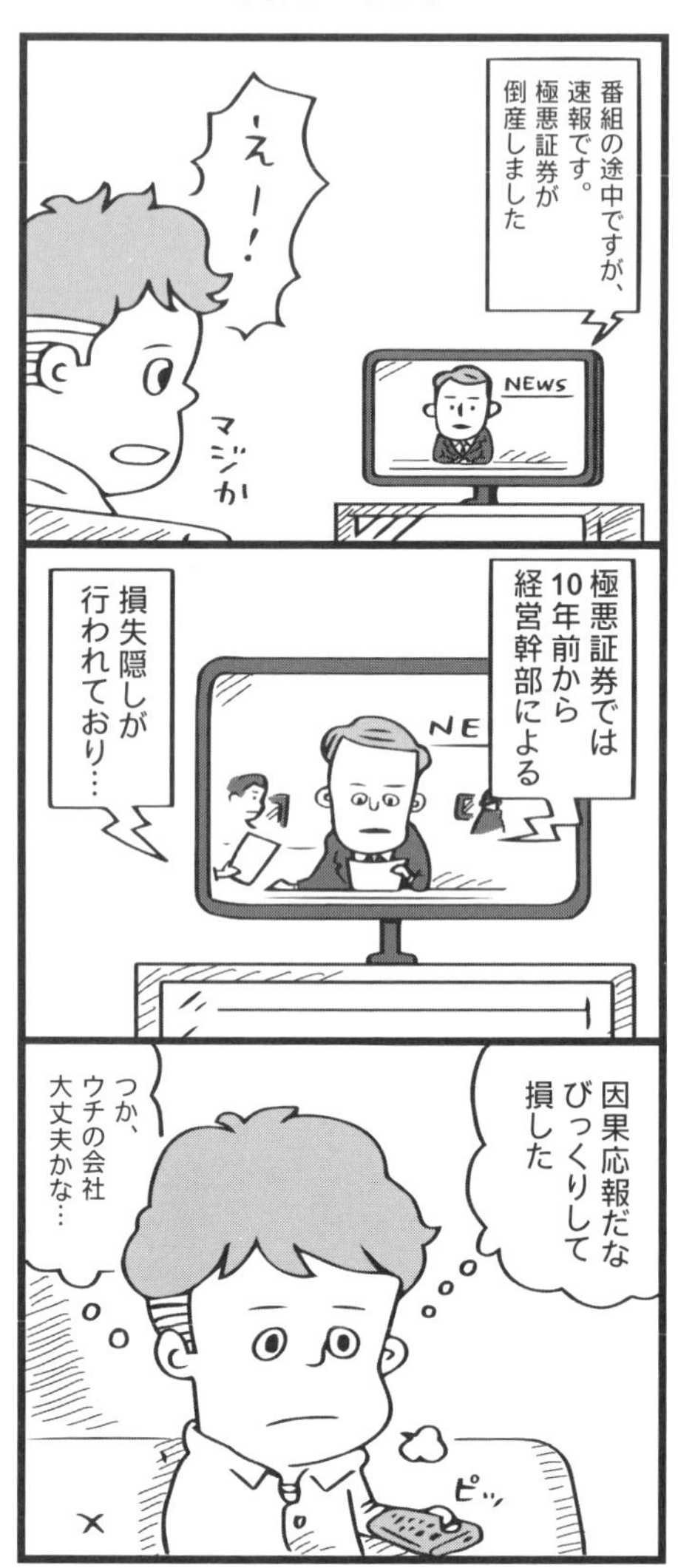

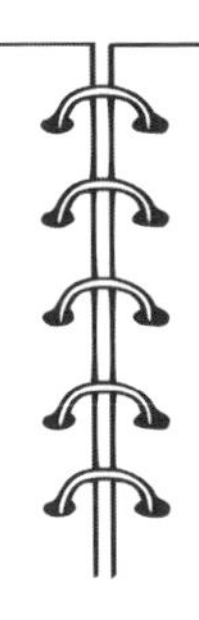
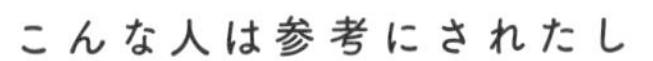

こんな人は参考にされたし　CHECK!

- 「今の仕事が楽しくない」「評価されないのは、上司がバカだからだ」など、つい不満が口に出てしまう人。
- 企業の不祥事、業績不振はすべて経営者の責任ととらえている人。

企業経営も仕事も「つながり」を意識する

原因を明らかにしないと、ミスは必ず再発する

仏教は「科学的」？

仏教の根幹とも言える教えに「縁起」があります。

多くの人は「縁起」といえば連想するのが、

「四葉のクローバーを見つけたなんて、縁起がいいね」

「これから結婚式だというのに、カラスの群れと出会うなんて縁起でもない」

など、偶然の現象と結びつけた表現ではないでしょうか。

しかし、本来の意味は、真逆です。ひと言で縁起を説明するならば、「この世のすべての現象は、原因と結果（因果）で生じている」ということになります。

たとえばあなたは、「最近、仕事がうまくいっていない」とするならば、それは「たまたま、うまくいっていない」ということではないのです。必ず何らかの原因があり、悪い条件が関係し合って、仕事が行き詰まっている。そこで、仏教的な解決法を探ると、**「因果関係を明らかにして、その原因を取り除きましょう」**ということになります。

そう聞けば、仏教はあまり宗教っぽく見えないかもしれません。むしろ、現代的、合理的、科学的な立場でモノを言っているようにさえ思えます。

しかし、**普遍的であり合理的であり科学的な教えが、仏教なのです。**

原因があって結果がある。たとえば、善い行いをすれば、良い結果が得られます。他方、悪い行いをすれば、悪いことが起こる。

一見、至極当然のように思えます。ですが、日常生活やビジネスの中で因果を意識して善い行いを実践することは、実はとても難しいことなのです。社会生活では多くの利害関係が絡み合い、理想と現実の乖離（かいり）は大きくことなることが少なくないですから。

企業の不祥事は、「負の積み重ね」の結果

近年、企業の不祥事が相次いでいます。経営者や社員が逮捕されるケースも見られます。

そうした企業はイメージがダウンし、株価や売上げが下がり、最悪、倒産してしまう企業も出てきています。やはりこれも、縁起の考え方に照らし合わせれば、「**因果応報**」ということになります。

この2年ほどに目を向ければ、企業不祥事は枚挙にいとまがありません。

2018年1月8日の成人の日直前に突然、休業して新成人を大いに落胆させた振袖の販売・レンタル業を手がけた「はれのひ」。同社社長は粉飾決算による詐欺容疑で逮捕、起訴されました。はれのひは倒産しました。

さらに免震ダンパーを手がけるKYBや日立化成、三菱電機などで品質管理に関する不正が発覚します。三菱マテリアルのグループ会社、神戸製鋼所、スバル、日産自動車などでも品質データの改竄が次々判明しています。金融機関ではスルガ銀行で不正融資問題が明るみに出て、一部業務停止命令が出されました。

Column

近年起きた企業・組織不祥事（一部）

金融庁に業務改善計画を提出後、記者会見で頭を下げるスルガ銀行の有国三知男社長（右）

2015 東洋ゴム「免震ゴムデータ不正」／電通「社員過労自殺」

2016 スズキ「燃費データ偽装・所得隠し」

2017 タカタ「リコール隠し」（2017年経営破綻）／てるみくらぶ「粉飾・詐欺」／神戸製鋼所「品質検査データ改竄」／ゼネコン4社「リニア談合」

極めつきは日産自動車元会長のカルロス・ゴーン氏が特別背任容疑で立件された事件です。

いずれもこの負の結果は、負の積み重ねによって招かれたもの、と言えるでしょう。

日産の場合、「ゴーン氏による独断の犯罪であり、会社は被害者である」という構図が日産側によって強調されました。

しかし、縁起の考え方によれば、そんなことはありえません。

ゴーン氏が私的流用をしたのであれば、そういう企業体質をつくりあげた責任は会社や周囲の経営者にあります。ゴーン氏は日産の最高執行責任者（COO）に就任したのは1999年ですが、当初から犯罪に手を染めていたわけではないでしょう。

ゴーン氏の取り巻きが、彼を神格化させ、いい気分にさせ、負の側面を増長させたのではないでしょうか。ゴーン氏を取り巻く関係者、様々なステークホルダーが作用し合って、結果的に経営トップの犯罪につながっていったのです。

そういう意味で事件の責任は、日産自動車全体にあります。

2018 はれのひ「粉飾・詐欺」／スバル「データ書き換え」／スルガ銀行「不正融資」／日本大学「アメフト悪質タックル問題」／ヤマトＨＤ「過大請求」／レオパレス21「施工不備」／日産「ゴーン・西川ショック」（2018・2019）

2019 吉本興業「闇営業」／テレビ朝日「プロデューサーセクハラ」／日本郵政Ｇ「不適切販売」／東レ「契約書偽造」／航空各社「操縦士飲酒」／関西電力「幹部金銭授受」／神戸市立東須磨小学校「教員いじめ」

こうした企業・組織の不祥事は、経営者や従業員の「心」が引き起こしていると言え、「悪意に満ちた」「意図的な」不祥事も少なくありません。「因果応報」の考えに照らし合わせてみると、「不祥事体質の企業は破滅する」可能性は高いと言えます。

「つながり」があるから、ミスは「見える化」する

自動車メーカー同士での対比はあまり好ましくないですが、縁起を意識した取り組みを実施している日産のライバル会社があるので、少し紹介したいと思います。

トヨタ自動車です。

トヨタでは「**カイゼン**」（改善、ＫＡＩＺＥＮ）という取り組みを半世紀以上続けています。

カイゼンは、「作業の見直し」を繰り返すことで、生産効率を上げていく取り組みです。

たとえば、作業中にミスが生じたとしましょう。ミスというものは、どうしても隠したい心理にかられます。

ミスをした本人も、仲間も、上司も。ミスが明らかになれば、当事者や上司はミスを叱責され、責任を追及され、人事評価が

下がってしまう、という恐怖心が芽生えます。

ミスが大きければ大きいほど、

「クビになるのではないか」

「クビになれば人生は破滅する。家族はどうなるんだ」

という心理が働くことでしょう。

しかし、ミスを隠し通すことは不可能です。

とくに今は監視社会で、常に誰かが見ています。仮に最初は小さなミスを隠し通せたとしても、時間をかけて組織全体の「隠蔽体質」へと変化していきます。

隠蔽体質を抱える企業では、「いつか」「誰か」の不正がバレて、大問題になってしまいます。自動車メーカーの場合は、リコールなどにつながってしまいます。

この世は、すべてが縁起で動いているから、「悪いことをすれば、悪い結果がもたらされる」のは自明のことなのです。

トヨタでは、あえてミスを**「見える化」**するといいます。

そうして、仲間同士でミスをした「原因」は何なのか、どうすればミスを防げるか、を徹底的に議論し、修正していきます。早期にミスを見える化し、「改善」することで、より優れた製品を生み出していこうとする姿勢がそこに見えます。**カイゼンは完全に仏教の縁起の考え方そのもの**と言えるでしょう。

縁起とは、言い換えれば「つながりを意識する」ということなのかもしれません。企業経営はこれまで経営を支えた歴代経営者や従業員、またはステークホルダー、あるいは顧客……多くの縁起があって、今の事業が成立している。そういった意識を持ち、普段の仕事に取り組むべきでしょう。

仏教の教え

いい結果も悪い結果も、原因がある。不祥事やミスに対して、なぜ起きたのかを明確にすること。

Break time...

利益は他者からの「賜り物」

みなさんは、「利益」という言葉をどのようにとらえていますか。

ビジネスの世界では「営業利益」「経常利益」などの経済用語として使われています。しかし、「利益」は、そもそもは仏教用語です。「ご利益」と書けば、ああそうか、と気づく人も多いかもしれません。仏教では「りえき」とは読まず、「りやく」といいます。

私の所属する浄土宗では、お勤め（勤行）のシメに「総願偈（そうがんげ）」という、短いお経を唱えます。そこでは、

「自他法界同利益（じたほうかいどうりやく）　共生極楽成仏道（ぐしょうごくらくじょうぶつどう）」

という文言が出てきます。

これを現代語訳すれば、

「私やあなた、生きとし生けるものたちは、等しく仏からのご利益を授かることができるのです。そのためにはともに極楽に往生して仏道に励もうではありませんか」

という内容です。

昨今の企業不祥事を見ていると、明らかに「組織の悪意」を感じることが少なくないです。これは、目先の「利益」を求めるがゆえに、企業が善の心を見失った結果かもしれません。繰り返しますが、そうした企業は、いずれ崩壊を招いてしまうことは、仏教が説く

縁起の真理が証明しています。

企業経営者が、決算発表や株主総会の場で「利益を上げられたのは、企業努力の結果である」と、ことさらに強調することがあります。しかし、それは大きな錯覚です。**利益は、本来は他者からの「賜り物」**だからです。

「おかげさまで、利益をいただいている」という精神が、経営者には必要なのではないでしょうか。

「少欲知足」に話を戻せば、業績を上げた経営者には億単位での報酬が与えられるケースが日本でも増えてきました。しかし、「稼げば経営者はそれだけの報酬を受け取る権利がある」という考え方は、独善的だと思います。

これまで日本の企業トップの報酬が低く抑えられていたのは、従業員や株主に対して「おかげさま」という謙虚な姿勢が、経営陣の中にあったからではないでしょうか。古くからの日本的経営の根底には、「縁起」や「利益」の考え方が根づいていました。

企業の不祥事から、教訓となり得る仏教的視座はいくらでもありそうなものです。しかし、こうした古きよき経営理念が「グローバリズム」の名の下に失われてきているのは残念なことです。

布施（ふせ）

Give & Give

▼

社会貢献

見返りを求めずに金銭や品物をほどこし与えること。また、その金銭・品物そのもの。

嫌われる上司

こんな人は参考にされたし

CHECK!

- 定年後の生き方に悩む人
- 企業の不祥事、業績不振はすべて経営者の責任ととらえている人

まず、与えよ

回り回って、善の果報となって戻ってくる

お金を出すほうが頭を下げる

近年、CSR（企業の社会的責任）の名のもとに、企業が様々な社会貢献事業に乗り出すようになってきました。

たとえば、東日本大震災における復興ボランティア活動など。本書を手にした読者の中にも被災地に赴き、炊き出しや瓦礫（がれき）処理などに関わった方もいらっしゃることでしょう。

こうした、奉仕活動を仏教の概念に照らし合わせれば、「**布施**」ということになります。布施の本質は「**見返りを求めず、（寺や貧者らに）何かを喜んで施す**」ことです。

布施は「**喜捨**(きしゃ)」と言い換えることもできます。

一方で、ボランティアに対し「ビジネス」は、「見返り(＝取引)」が前提となります。物品を求めれば、その対価として金が必要です。

ビジネスでは、お金を出すほうをクライアント(顧客)と呼びます。クライアントはお金をもらう側よりも常に立場が上になりがちです。お金を受け取る側からすれば、クライアントは「神様」のような存在です。ベンダー(販売者)はクライアントから多少無理を言われても、従うしかありません。

しかし、布施の精神では、金をもらうほうが頭を下げる、という一方的な構図にはなりません。**クライアントも「喜んで、お金を出させていただきます」と、相手に頭を下げるのです**。お金を出すほうがペコペコ頭を下げるなんて、そんなアベコベなことが成立するわけがない、とお思いでしょうか。

東日本大震災・瓦礫の撤去作業にあたるボランティア

お布施はお坊さんに払う報酬ではない

このように一見、布施とビジネスとは相いれない存在のように思えます。しかし、決してそうではありません。**布施の精神をもって仕事をするか、そうではないかで、企業の体質が180度異なります**。

それは回り回って、業績にも反映されます。今からその理由をご説明しましょう。

そもそも布施の語源は古代インド・サンスクリット語の「**ダーナ（檀那）**」からきています。ダーナの意味は「与える（施す）こと」。臓器移植の提供者を意味するドナー（donor）の語源も、サンスクリット語のダーナです。

江戸時代、寺を護持する人々（＝檀那で構成された関係）を、「**檀家制度**」といいました。つまり、檀家とはお寺に対して「布施をして、支える役割を担う」という意味があります。

では、布施といえば、通常、何を連想するでしょうか。多くの方が、お葬式や法事におけるお坊さんへの「報酬」ととらえているのではないでしょうか。

最近、お葬式の際にお布施の金額がわからないということで、寺院のほうから布施の金額を明示するようなケースも出てきました。

Column

利益優先では繁栄できない！ 大丸百貨店の「先義後利」（孟子の教え）

現在は百貨店として有名な「大丸」は、1717（享保2）年に下村彦右衛門が京都伏見に呉服店「大文字屋」として開業しました。

大丸の商魂に**「先義後利」**（公に尽くすことを優先し、自分たちの利益はあと回し）を掲げ、現在も企業理念になっています。

その由来は、1837（天保8）年に勃発した大塩平八郎の乱。その際、「大丸は義商なり。犯すなかれ」という大塩平八郎の一声で焼き討ちを免れます。そんな大丸に敬意を表して、京都人は「大丸さん」と呼んでいます（「髙島屋さん」「伊勢丹さん」とは呼びません）。

京都には、元禄時代創業の「お麩」のメーカー・半兵衛麸など「先義後利」を掲げる老舗企業は多いです。自社が「先利後義」になっていないか、常に自問しましょう。

大丸百貨店京都

しかし、これは本来の布施の理念とは相反する行為です。**布施の精神に照らし合わせれば、もらう側が金額を決めるのではなく、出す側が決めるのが鉄則だから**です。

もらう側の僧侶が金額を明示して、お経を唱えたり、戒名を授与したりすることは「サービスの対価」になってしまいます。したがって、厳しい言い方をすれば、布施の金額を明示した宗教儀式は単なる「ビジネス」ということになるでしょう。

それでも、現代日本にあって「金額を明瞭にしたほうがわかりやすい」「布施金額を教えてくれるほうが檀家に寄り添っている」と考える人が多数派かもしれません。現実的には、ある程度の「目安金額」を提示せざるを得ないこともあるでしょう。

ですが、本来の布施は、このような考えとはまったく違うということを知っておいていただきたいと思います。

仏教には、布施をすることは功徳になり、滅罪につながるという考え方が存在します。つまり、結果的に、布施は回り回って、善の果報となって戻ってくるのです。だから、布施は、与える側が自分の能力や事情に応じて能動的、積極的に行うことが前提となります。

自分の果報になるのですから、「布施をさせていただいて、有難い」となるわけです。

ポジティブな考えで「世に、人に、施す」

己が成長でき、最大の果報が得られる絶好の機会

相談も「施し」

仏教はとくに布施の精神を大事にしています。それは、悟りを得るための修行の到達点を意味する6項目（上座部仏教では10項目）の最優先事項として、布施が挙げられていることからもわかります。

これらの項目を**六波羅蜜**（ろくはらみつ）（十波羅蜜）といいます。

六波羅蜜は順番に、**布施**・**持戒**（じかい）・**忍辱**（にんにく）・**精進**（しょうじん）・**禅定**（ぜんじょう）・**智慧**のことです。布施が六波羅蜜の最初に挙げられているのは、誰もがすぐに実践でき、また、自分を確実に成長

六波羅蜜とは……

一 **布施**……与えること
二 **持戒**……戒を守ること
三 **忍辱**……苦難を耐えること
四 **精進**……努力すること
五 **禅定**……精神統一すること
六 **智慧**……こだわりなき心でいること

させてくれ、さらに他者に幸福を手向(たむ)けることができる善行だからです。

もともと布施は、お釈迦さまの時代から存在していました。

布施には大きく3つの種類があります。

出家修行者が修行に打ち込むため、それを支える在家信者が、衣食住など生活に必要なものを経済的に援助するのです。これを、仏教用語で「**財施**(ざいせ)」といいます。

布施は金品を出す側だけの一方的な関係では成立しません。施しを受けた出家者もまた、布施をします。信者に対して、世の真理を伝える説法を行うのです。これを「**法施**(ほうせ)」といいます。お坊さんから説法を受け、絶望から逃れることができるならば、その人は喜んで布施として金品を差し出すでしょう。

布施の種類には、もうひとつあります。

それは、人から恐怖や不安を取り除く「**無畏施**（むいせ）」と呼ばれる布施です。わかりやすくいえば、誰かが悩んでいたり、苦しんでいたりする際に相談に乗ってあげることも、立派な布施と言えます。

原始仏典の『雑宝蔵経（ぞうほうぞうきょう）』には、「**無財の七施**」というものが挙げられています。無財の七施は金や物、地位を持たない人でもできる施しであり、それを実践することで「最大の果報を得る」と説かれています。つまり、

①**眼施**（げんせ）　相手を憎むことなく、あたたかい眼差しで相手に接すること
②**和顔悦色施**（わげんえつじきせ）　和やかな顔つきで相手に接すること
③**言辞施**（ごんじせ）　相手に思いやりのある言葉をかけてあげること
④**身施**（しんせ）　常に相手を敬い、わが身を使って他者に尽くすこと
⑤**心施**（しんせ）　常に相手の立場に立ち、真心をもって接すること
⑥**床座施**（しょうざせ）　率先して相手に座席や場所を譲り、もしくは提供すること
⑦**房舎施**（ぼうしゃせ）　寝泊まりに困った人がいれば、雨風をしのげる場や自宅を提供すること

です。

あなたはどうでしょうか。無財の七施ができる人は、慈悲の実践が自然にできるので、常に人に愛されます。一方で、いつも怖い顔つきで無愛想、自分にも他人にも厳しいタイプの人があなたの周りにいませんか。

布施は心持ち次第。いつでも、誰にでもできるのです。優しい言葉遣い、柔らかい態度振る舞いをすることだけでも、布施の実践になります。

施しは自らを成長させてくれる

しかし、ついつい我欲が出てしまうのが人情です。

「お布施なんてもったいない。ネットで相場を調べて、最小限の金額で抑えたい」

「体調不良で早退した同僚の仕事の肩代わりを頼まれたけれど、人事評価にはあまりつながらないよね」

出したくない金銭を出した。イヤイヤ仕事を引き受けた。昇進のアピールになるから、企業ボランティアに参加した……。

そんなネガティブな考えでは、布施をしないほうがマシです。そんな布施は、むしろ悪行と言えますから。

布施の効果を最大限にするためには、たとえば、

「故人の供養になるのであれば、お布施も有難いこと」
「困った時はお互い様。人助けができて、気持ちがいい」

と善い方向に考えることです。すると、我欲が自然と抑えられ、とても清々(すがすが)しい気分になります。布施の実践は、自分と相手との関係性を向上させ、自分を精神的に成長させくれる有難い機会なのです。

繰り返しますが、布施は金額が多ければよいという問題でもありません。その人ができる範囲で、「世に、人に、施す」。

差し出す金品がなければ、無畏施を心がける。これが布施の要諦(ようてい)なのです。

「自社第一」がもたらす悪害

ビジネスの上で、布施の精神をないがしろにしたがゆえに、コンプライアンスの違反につながったり、社内の雰囲気が悪化したりするケースは枚挙にいとまがありません。

同僚の残業を手伝ってやったのに、同僚のほうが評価が上なのは許せない。

企業コンペで勝ち取るために、受注金額を安価に設定した。採算を取るために手を抜いてやろう。

このような損得勘定で動く経営者や社員を多く抱えた企業では、様々な弊害が起きることになります。

2018年、賃貸マンションの仲介業を手がける大手不動産会社レオパレス21の施工不良問題が発覚しました。この会社は実際の設計図とは異なる部材を使ったり、建築基準法で定める天井裏の防火部材を用いなかったりしました。

不祥事の背景には1円でも安く建設して利益率を上げたい。効率化させるために1日も早く施工を完了させたい、などの組織的・構造的背景があったとみられています。これは、自社の利益だけに目を向け、他者への施しを無視した、布施の精神にもとる企業の悪行と言える事例です。

本来、不動産業者たるべき心がけとして、

「より安全で快適な住まいを提供し、入居者に喜んでもらいたい。入居者や大家さんに尽くすために、最高の施工を行う」

という発想があって然るべきではないでしょうか。

布施は時に、採算度外視ということにもなるかもしれません。しかし、それが善意や慈悲にあふれたものであれば、いつかは果報がもたらされます。

反対に企業の悪行は、社会を不安に陥れ、結果的に自社の存在価値を失ってしまうことにもなります。

先に挙げたレオパレス21は、不正が発覚してから大勢の入居者が転居を余儀なくされ、会社の株価も暴落してしまいました。また、社長以下、経営者が引責辞任することにもなりました。「自社第一」と考えた結果、多くのものを失ってしまったのです。普段から、経営者が訓示で布施の精神を説いていれば、こんなことにはならなかったはずです。

布施は生活習慣の中に取り込めば、そのうちその人が発するオーラが変わってきます。すると、その人には多くの友人や同僚が集まりだし、支えてくれる存在になります。募金するのもいいでしょう。布施を大事にする人が組織の中で多くを占めれば、組織は寛容の空気に包まれ、また、仕事へのやる気や誇りも生まれてくることでしょう。そうした企業には優秀な人材も集まり、また、良質の取引先にも恵まれます。布施を心がければ、いつしかこうした好循環が生まれるのです。

仏教の教え

まずは、相手から何かをもらうことを期待するより、先に与えることを意識する。

供養（くよう）

Sustainability

▼

持続可能性

語源は「供給資養（きゅうしよう）」。神仏やご先祖さまに対してお供えものをする「供給」と、与えて養う「資養」の意味が合わさっている。

泣けてくるランチ

こんな人は参考にされたし

- 製品や商品をつくり出している生産者
- いろいろな立場の人や組織と協業する人

立場が強い者こそ謙虚であれ

生かされている意識を持てるかどうか

あなたは生き物を殺している

唐突ですが、あなたは普段、「殺生（せっしょう）している」意識をお持ちでしょうか。端的にいえば、「他者の命を犠牲にして、自分が生かされている」という認識を持っているかどうか。

パッと思いつくことは、食事です。

私たちは毎日、肉や魚などの〝命〟を有難くいただいています。仮に「私はベジタリアンだから、殺生していない」と主張したとしても、野菜を育てる過程で多くの害虫や微生物が殺されています。

もっといえば、企業も多くの生き物を殺しています。

工業製品をつくっているような企業や情報産業などは、直接的に殺生に関与することは少ないかもしれません。しかし、農業、水産、林業などの第一次産業や、飲食業、食品会社、製薬会社などは、殺生を前提として企業活動が成立しています。

生き物を殺めずに生きていくことなんて、不可能。街を歩けば昆虫を踏みつけることもある。いちいち、殺生していることへの罪の意識を持ちながら、生活やビジネスができるわけがない。

こう反論する人がいることはよくわかります。

ここでは「殺生はいけない」という議論をするつもりはありません。

しかし、生きとし生けるものの命を犠牲にした上で我々の生活が成り立っている、との意識を持つことが、企業倫理を高め、持続可能性社会を実現する上では、とても有効なのです。

殺虫剤メーカーが「供養」する理由

ここでは、いくつか事例を挙げながら説明したいと思います。

まずは、殺虫剤メーカーの取り組みを紹介しましょう。

国内の殺虫剤メーカーにはアース製薬、大日本除虫菊（キンチョー）、フマキラーといった大手企業があります。

殺虫剤メーカーは文字通り、殺生を前提にして利益を上げている会社です。我々は、殺虫剤や害虫捕獲器を使ってゴキブリやハエ、ダニ、カといった害虫から身を守っています。とくにカは、マラリアやデング熱を媒介し、年間72万人もの人間の命を奪っているというデータ（ビル&メリンダ・ゲイツ財団「地球上の人間は1年間に、どの動物にどれだけ殺されているか」２０１４年）があります。

高品質な殺虫剤のおかげもあり、日本では比較的、害虫に命を脅かされることはなくなってきているようです。

しかし、その反面、害虫は大量に駆除されます。また、メーカーの研究所では、製品開発のために多くの害虫が犠牲になっています。

鎌田白蟻のしろあり供養の様子
静岡県西部から愛知県東部までのエリアの害虫駆除・予防を手がける鎌田白蟻（静岡県浜松市中区）の施工数は年間約３０００件にも及ぶ。長年熱心に害虫供養を続けてきた企業のひとつ。

消費者は、「害虫なのだから、殺生を気にすることはない」と思うかもしれません。

しかし、あまり知られていない事実ですが、殺虫剤メーカー各社は必ず、「不要な殺生を戒める場」を設けています。寺院や神社で「供養」という形で実施し、経営者らが害虫の御霊に、頭を垂れるのです。

アース製薬やフマキラーなど業界16社や関係学会らで構成する業界団体の日本家庭用殺虫剤工業会では、毎年1月の賀詞交換会の場で、害虫の慰霊祭を実施しています。場所は大阪にある出雲大社別院。神道式で実施され、メーカー各社の社長が参加します。

その様子が『朝日新聞』大阪版２０１３（平成25）年1月16日付夕刊に掲載されましたので、紹介しましょう。そこには祝詞の要約と、「キンチョー」で知られる大日本除虫菊社長で同工業会会長の上山直英氏のコメントが掲載されています。

《ここに並ぶ人たちは、人間生活の利便のため虫退治の仕事に励んできました。しかし虫にも魂があり、仕事とはいえこれを殺すことは、ものの哀れを知る人にとってやるせないことであります。ですから神様から亡くなった虫たちに、安らかに眠るようご指導を願います》（祝詞原文を『朝日新聞』が要約）

「私たちはある意味、虫にお世話になっている。虫が棲めない世界では人間も暮らせないわけで、自然環境を壊すことなく快適な生活ができるよう殺虫剤をつくっている。その思いを、新年を迎えて改めて確認するのがこの慰霊祭です」

（大日本除虫菊社長・上山直英）

小さな命や魂に〝畏怖〟を感じる

殺虫剤メーカーによる慰霊祭は、年に1度だけではありません。

たとえばアース製薬では製品開発用の害虫の供養を別途、実施しています。同社では研究所の発足時から毎年欠かさず、12月中旬に供養祭を実施しているとのことです。研究所がある兵庫県赤穂市の妙道寺で研究開発部員が参列し、寺の本堂にハエ、カ、ゴキブリ、マダニなどの7種を拡大した「遺影」を飾り、1人ずつ焼香をし、手を合わせるのです。

同社の研究所では常に100万匹のゴキブリや1億匹以上のダニなどを飼育しており、これらの虫は殺虫剤などの製品開発の犠牲になっています。そこで同社の社員は、

『ペットと葬式　日本人の供養心をさぐる』
鵜飼秀徳著
朝日新書／２０１８年

「弔わずにはいられない」

というのです。

私はかつて、アース製薬の供養祭について、同社の幹部に話を聞いたことがあります（『ペットと葬式　日本人の供養心をさぐる』朝日新書、２０１８年）。そこで同社は、供養の意味について、このように答えています。

「参加は強制ではありません。しかし、毎年、ほぼすべての研究員が声を掛け合って参加します。研究にかかわる実験用の虫への鎮魂の気持ちを込めて供養しています。エンドユーザーによる虫の駆除にまで思いを馳せているかについては、推し量ることは難しい。しかし、それでも『いっぱい殺して、ごめんなさい』という償いの気持ち、そして『（実験用の害虫の）おかげさまで商品開発ができています。商品開発がうまくいきますように』との思いは、みんなで共有しながら参加しています」

「仮に害虫供養をやらないならば、どんな影響があるのでしょうか」

と質問を投げてみました。すると、同社幹部は、

「業務上のトラブルや事故、業績の悪化、社員の家庭の問題などさまざまなマイナス面が起きたときに、『虫供養をやらなかったからではないか』などの因縁として、結び

つけてしまうのではないでしょうか。一回、供養を始めるとずっと続けなければ心の落ち着きがなくなる。それが日本人の心の習慣というものなのでしょうね」

と答えてくれました。

殺虫剤メーカーの供養祭が教えてくれることは、

「立場が強い者こそ、『自戒』を心がけなければならない」

ということかもしれません。「命を奪う側」が、「命を奪われる側」へ、慈しみの心を持つ。同時に、小さな害虫の命や魂に対しても、「畏怖」を感じる。

つまり害虫供養は、「我々は万能である」との錯覚を戒めてくれる場であり、常に謙虚に、誠実に仕事に向き合わなければならないということを肝に銘じさせてくれているのです。

資源は有限と考え、自制的な活動を心がける

大量消費への戒めが「持続可能性社会」の条件

浜名湖に建てられた「鰻観音」

供養心を持つということは、持続可能性社会（サステイナビリティ）の実現にも効果があります。これは、SDGsの考えにも共通します。

ウナギを例に出して説明しましょう。

ウナギといえば、パッと思い浮かぶのが浜名湖です。浜名湖湖畔には、高さ8メートルにも及ぶ巨大な観音像（魚籃観音（ぎょらんかんのん））が立っています。魚籃観音は、魚を入れる籠を

SDGs
"2030年までに達成すべき17の目標"「Sustainable Development Goals（持続可能な開発目標）」の略称。2015年9月に国連で開かれたサミットで決められた、国際社会共通の目標。

石清水八幡宮の放生会

放生会の歴史は、古代インドにおいてお釈迦さまの前世である流水長者が、水が枯渇して瀕死の状態になった魚を救ったとの由来がある。日本では、中国からの仏教伝来の後、聖徳太子や聖武天皇らが熱心に放生会を実施した記録がある。

持っているのが特徴で、仏道の不殺生戒を破って生計を立てざるを得ない漁師たちのことを憂いて、魚を施したと伝えられる慈悲深い仏様です。

魚籃観音は、海の安全や豊漁を祈願して漁村の寺などに立てられていることが多いです。浜名湖の魚籃観音は、地元では通称「ウナギ観音」と呼ばれています。

ウナギ観音が建立されたのは戦前の１９３６年のこと。これほどの巨大な像を建立できるということは、当時、浜名湖のウナギ業界が相当に潤っていたという証明です。

私は新幹線を途中下車し、この魚籃観音を拝みに行きました。すると、観音像には、こんな設立趣旨が記されていました。

「養鰻業はウナギを殺生していることには変わりなく、『鰻霊』にたいして感謝の念と冥福を祈る」

漁協関係者にも話を聞きました。すると、今でも毎年、慰霊法要をしているとのことでした。

慰霊祭では「**放生会**」が実施され、浜名湖にウナギ１００kg、５００匹が放流されるというのです。放生会とは殺生を戒める目的で、捕らえた鳥獣や魚類を野に放つ儀式のことです。

Column

「つながり」を意識する供養心

長野県善光寺の境内に「迷子郵便の供養塔」があります。郵便局長会が「気持ちのこもった郵便物をむげに捨てるのは忍びない」と供養塔を建立したそうです。「今だけ」「自分だけ」よければそれでい い、という考えに対して「供養＝感謝・贖罪（しょくざい）の意の表明」を通じて自制を促すことの大切さを教えてくれます。

善光寺の迷子郵便供養塔

「自然界でたくさん卵を産んでもらい、種の保存を促し、その恩恵に預かれるようにとの思いで放流しています」（養鰻組合員）

放生会は、現在でも各地の神社仏閣で実施されています。たとえば、毎年9月15日に京都の石清水八幡宮で実施される石清水祭や、奈良の興福寺（こうふくじ）の猿沢池（さるさわいけ）で鯉や金魚が放流される放生会などが有名です。

ウナギ慰霊祭では、その後、組合員らの親睦会が実施されます。慰霊祭の場が組合員の結束を固める場にもなっているのです。慰霊祭の当日は、現地ではウナギの蒲焼などは振る舞われないのは当然のこと、組合員はこの日ばかりは、ウナギに包丁を入れないということです。

必要以上に獲らない

かつては、鰻重やウナギの蒲焼といえば土用の丑（うし）の日や、客人をもてなす際などに特別に出されるものでした。しかし、今ではコンビニやファストフードなどで四六時中、安価に提供されるようになっています。そのことで、ウナギがとめどなく消費され、シラスウナギの減少の要因にもなっています。

自分の利益だけを追い求めてばかりいて、自制的にならなければ、限りある資源が枯渇するのは当たり前のことです。浜名湖のウナギの慰霊祭は、大量消費社会への戒めでもあるのです。

ウナギ観音のように全国の漁村などでは必ずと言ってよいほど、魚介類の慰霊祭が実施されています。昔の人や地域の人は、常に、

「生活に必要なだけは獲らせていただくが、それ以上は求めない。獲った命はきちんと供養して戒める」

という意識があったのでしょう。

供養とは、「今だけ」「自分だけ」よければそれでいい、という考えを戒める好機なのだと思います。

仏教の教え

今のあなたは自分だけの力で生きているわけではない。つながっている、という意識を持ち周りへの感謝の気持ちを忘れずに。

第3講

どう生きるべきか

——人生と仏教

世の中にあふれる情報に振り回されたり、他人の生き方を羨んだりしていると、キリがありません。大事なのは、「自分の在り方」です。雑念を振り払い、今の自分に思いを馳せる。古来からある仏教は、最新のマインドフルネスに通ずる考え方とも言えます。

【四宝印】

しほういん

Self-Mental

▼

メンタルタフネス

仏教の心理である三法印（「諸行無常印」「諸法無我印」「涅槃寂静印」）に、「一切皆苦印」を加えたもの。

ツラすぎる日々に

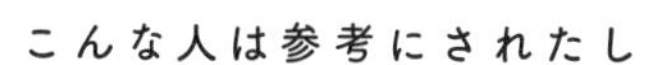

CHECK!

こんな人は参考にされたし

- 常に何かに悩まされていて、ストレスを溜め込みやすい人
- クライアントとの関係構築に苦手意識を持つ営業職

「四苦八苦」からは逃れられない

人生は苦しみに満ちているもの

この世は一切皆苦

仕事に行き詰まっていたり、会社に行くのが億劫だったりする人はぜひ、仏教が説く「この世の真理」を知っていただきたいと思います。

お釈迦さまによって仏教が開かれて2500年、日本に仏教がもたらされて1500年が経過します。ひとつの組織体で、これほど長く存続してきた例は他にありません。悠久の時を経て、仏教の教えが今に継承されているのは、そこに真理があったからでしょう。

世の中には膨大な仏教経典が存在します。ですが、お釈迦さまの教えの根幹は、おおむね４つの言葉に集約できます。

1. 一切皆苦（いっさいかいく）
2. 諸行無常（しょぎょうむじょう）
3. 諸法無我（しょほうむが）
4. 涅槃寂静（ねはんじゃくじょう）

これを「四法印」といいます。

四法印を知ることは、仏教を学ぶ上でのスタートラインに立つということです。

四法印自体は、処世術や悩み解決の処方箋ではありません。しかし、世の真理を知るのと知らないのとでは、人生の過ごし方が大きく違ってきます。

※ちなみに諸行無常、諸法無我、涅槃寂静の「三法印」とする場合もあります。しかし、本書では構成上、四法印を扱います

まず、「一切皆苦」から説明しましょう。文字通り、**「この世のすべては苦しみである」**ということです。私はしばしば、教鞭を執る大学で学生を前に「この世は一切皆苦だ」と話すことがあります。しかし、多くの学生がキョトンとしています。

無理もないでしょう。わが国は戦後74年間、資本を拡大させ、社会全体に富を行き渡らせてきました。幸い戦争に巻き込まれることもなく、おおむね平穏な社会が続いています。

社会保障制度も将来的には不安を抱えているとはいえ、ひとまずは整っています。なかでも、企業幹部の世代――1980年代後半に20代そこそこだったバブル入社組は、経済的にはとても恵まれた環境で過ごすことができました。

バブル世代の中には贅沢三昧の日々を過ごした人も少なくないでしょう。企業ではそれなりのポジションを獲得し、潤沢な退職金や年金をもらって……。

そんな、順風満帆の半生を送ってきた人も、なかにはいることだと思います。一切皆苦どころか、「一切皆楽」という言葉のほうがしっくりきそうです。

「一切皆苦の真理なんて、食うに食えなかったお釈迦さまの時代の話。今の日本の社会に当てはめることは無理がある」と考える人もいるでしょう。

しかし、それはまったくの幻想です。お釈迦さまが生きた2500年前だろうと、封建的な時代に生きていようと、明日の命も知れない戦時下に生きようと、この飽食の時代だろうと「この世は一切皆苦」であることに、なんら変わりはないのです。

それはどういうことか。一切皆苦を分解して説明しましょう。

生まれてくることも苦しみ？

「四苦八苦」という四字熟語は誰もが知っていますね。たとえばビジネスシーンでも、

「プレゼン資料をつくるのに四苦八苦した」

などというふうに、使っている人もいるでしょう。実は、この四苦八苦は仏教用語なのです。

仏教は人間の根源的な苦しみは4つあると説きます。これが四苦です。さらに誰もが抱える4つの苦を加えて四苦八苦と呼びます。

まず、前半の2文字「四苦」とは、人生を送る上で避けられない「生老病死」の4つの苦しみのことを指します。

1. 生
2. 老
3. 病
4. 死

この四苦については、「出家（P162）」の章で紹介する、お釈迦さまが出家するきっかけである四門出遊（しもんしゅつゆう）のエピソードを併せてお読みください。

老病死の3つは、あえて詳述する必要はないでしょう。老いや病気、いずれ訪れる死は紛れもなく、苦しみであります。

しかし、「生」を苦しみ（生苦）、ととらえるとは、一体どういう理由があるのでしょうか。生をポジティブにとらえてはいけないのでしょうか。

まず、生苦について「生きていくことの苦しみ」と考えがちです。

しかし、これは間違った解釈です。生苦は本来的には、「生を受けることの苦しみ」を意味します。つまり、**命の誕生**のことです。

親にとってみれば、新しい命の誕生は喜びそのものでしょう。ですが、**仏教では四苦の中で生苦こそが、人間の根源的な苦であるととらえています。**一人称である「私」が人生で背負う、あらゆる苦の根源が、「生まれてくること」に起因するからです。

愛する者と別れる苦しみ

次に後半の「八苦」です。8つの苦のうち最初の四苦は生老病死ということは、前述した通りですが、ここで紹介する残りは、

5. 愛別離苦（あいべつりく）
6. 怨憎会苦（おんぞうえく）
7. 求不得苦（ぐふとっく）
8. 五蘊盛苦（ごうんじょうく）

5「愛別離苦」とは「愛する者と別れる（死別する）苦しみ」のことです。ひょっと

して愛別離苦は、人生の中で最も辛い苦しみかもしれません。

私たちは、ひとりで生まれて、ひとりで死んでいく、なんてことはありえません。「私」は、両親の存在があって、はじめて生を受けることができます。そして死ぬまで、多くの他者との出会いがあります。

きょうだいや学友、恋人、配偶者との出会い、さらには自分の子供や孫……。ビジネスや趣味を楽しむ中で、掛け替えのない仲間に出会うこともあるでしょう。また、ペットを家族の一員として飼育している人もいます。ペットはわが子よりも可愛い、という人もいます。生き物以外、つまり趣味や形見などの「モノ」にひとかたならぬ愛着を抱くケースもあります。

しかし、愛する人や動物、モノとの別れは必ずやってきます。別れの頻度は、年を重ねるほどに多くなっていく傾向にあります。


愛別離苦は、自分自身でコントロールすることはできません。最愛の人が自分より先に逝く、ということは実に辛いことです。

また、あなたが何十年もかかって蒐集(しゅうしゅう)した大切なモノであっても、晩年、あなたが高齢者施設や病院などに入ることがあれば、そこで「別れ」がやってきます。あるい

Column

「○○ロス」も苦しみのひとつ？

好きなドラマの終了やアイドルの引退などを受けた「○○ロス」という言葉が流行っているように、誰か、何かとの別れをきっかけに心神耗弱（こうじゃく）状態になる人もいます。定年後、生きる目標を失い、抜け殻のような余生を送る人も少なくありません。対象者との愛や情が深ければ深いほど、離別の苦しみは増大することになるのです。

は、家族が「断捨離する」と言って、あなたの大切な宝物の、整理や廃棄を迫ることもあるでしょう。

もちろん、会社員ならば組織との別れは避けられません。長年勤めているうちに、会社に深い愛着を抱く人もいるでしょう。しかし、いずれは「定年という別れ」がやってきます。会社に強く依存してきた人は、定年退職は大海原に投げ出されたのと同じことかもしれません。また定年は、同時に仕事仲間との離別でもあります。

妬みから離れる

次に**6「怨憎会苦」**です。とくにビジネスパーソンにとって、怨憎会苦は常につきまとう苦しみかもしれません。

怨憎会苦は嫉妬や恨みを抱き、あるいは憎むべき対象に出会わなければならない苦しみのことです。これも辛い。

仕事をしていれば、社内外でどうしても気の合わない者と関わらざるを得ません。嫌な上司から理不尽な要求や評価をされ、はらわたが煮えくりかえる思いをしたこともあるでしょう。取引先からクレームをつけられ、キレたくてもキレられず、ぐっと我慢しなければならない局面もあります。

入社時は仲の良かった同期も、そのうちライバルになって人間関係がギクシャクしていきます。出世に差が出てくれば、妬み嫉みの対象になります。

飲み会の場で、出世した同期の悪口を酒の肴にし、それが次第に日常化していく。組織の中では自分を正当化するために、知らず知らずのうちに相手を貶めている――。

こんなこと、あなたも経験ないでしょうか。

ギスギスした人間関係が組織で拡大していけば、会社そのものへの憎悪へとつながっていきます。お互いを貶め合うような風土の企業は、弱体化し、やがて没落していくことは目に見えています。

陰でストレスのはけ口として悪口を言っている分には、まだマシなほうかもしれません。「ハメられた」と考え、恨みを募らせ、復讐に転じる人もいます。最悪は人を傷つけたり、殺人を犯したりすることにもなってしまいます。

憎悪は連鎖を生み、いつまでも収まることはありません。

怨憎会苦を回避するには、早い段階で憎しみの芽を摘み取ることです。

法然上人
(1133-1212)
比叡山で学び、43歳で浄土宗を開宗した。浄土宗では、中国浄土教を確立した善導を高祖とし、法然を元祖と宗める。

憎悪の連鎖にストップをかけ、出家した人物が浄土宗の宗祖・**法然上人**です。

法然上人（出家する前は「勢至丸」）は1133（長承2）年、美作（現在の岡山県久米郡）の武家に生まれました。勢至丸が9歳の時、目の前で父・漆間時国が敵対勢力に暗殺される事件が起きます。勢至丸は武士の子です。息絶え絶えの父を前に、仇討ちを誓います。しかし、時国は絶命する前に、勢至丸にこう言い残すのです。

「敵を恨んではいけない。私が殺されるのは前世の報いなのだ。そなたが敵を恨み、仇討ちをしたならば、将来、敵の子や孫がそなたの命を狙うことだろう。恨みはこの世で尽きることはない。それよりもこのような世俗の世界を離れて出家してほしい。そして私の菩提を弔い、そなた自身が迷いの世界から逃れ、悟りの道を求めなさい」

当時、親が討たれた場合、残された子供が仇討ちをするのは当然のことでした。しかし、時国は復讐することを強く戒めたのです。時国は、仏教の思想を深く身につけていたと思われます。

勢至丸は父の遺言に従い、菩提寺で修学すると、15歳の時に比叡山で正式に出家。法然房源空と名乗り、求道の生活に入ります。そして、「南無阿弥陀仏」の念仏を一心に

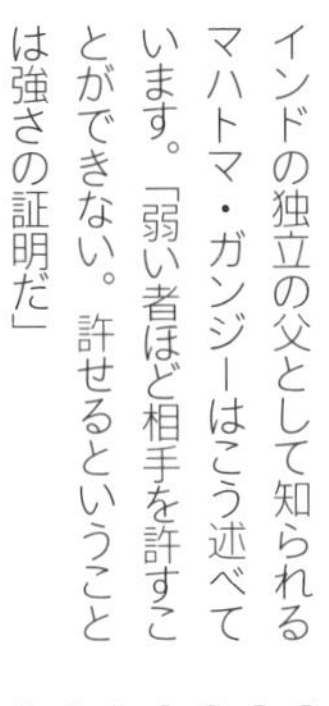

Column

ガンジーの強さ

インドの独立の父として知られるマハトマ・ガンジーはこう述べています。「弱い者ほど相手を許すことができない。許せるということは強さの証明だ」

唱えることによって、万民が救われると説き、43歳で浄土宗を開くに至るのです。

相手を許せないと思う心は、結局は自分が常に正しく、万能であるという「自己愛」から生じるものです。しかし、仏教は「不変の自我」を否定しています。

絶対的な「私」など、存在しないのです。つまり、**怨憎会苦から逃れるには、自我から離れることに尽きます。**結局は、「相手を赦す」ことしかないのです。

権力を求める行為も苦しみ

次に、**7**「**求不得苦**」です。これは「何かを求めても、得られないことへの苦しみ」のことです。

たとえば、あなたは車好きだとします。すると、次第に目が肥えていき、平凡なファミリーカーでは満足できなくなることでしょう。

ショーウィンドウの高級外車についつい、目がいき、街を走るスーパーカーに羨望の眼差しを送る。しかし、あなたの給料では、到底手が出ません。すると安月給への不満が渦巻き、また、魅力的な車に乗っている人に嫉妬する心持ちになる人もいます。背伸びしてほしい車を手に入れられたとしても、家族の反発を買う可能性もあります。

モノだけではありません。会社員をしていれば、より上のポストを欲するのは、自然のなりゆきでしょう。

「いつまでも平社員でいいや」

そんな態度で仕事をしていれば、ダメ社員というレッテルを貼られてしまいます。誠実に目の前の業務に向き合い、その結果、周囲に認められて昇進していくことは、とても素晴らしいことです。

しかし、多くの人間は、そうは「美しく」いきません。権力欲も度が過ぎれば、「執着」となってあなたの人生を狂わせます。

課長になれば、次には部長になりたいと考え、部長のポストにつけば今度は取締役になることに執心する。トップの社長にまで上り詰めるために、手段を選ばない人も出てきます。

ところが、社長になれる人物はごくわずかです。大多数の社員は、課長や部長止まりが関の山でしょう。ポストを得るために(ポストを得られないのに)、日頃言いたいことも我慢し、頭を下げたくもない相手にペコペコし、悔しさを押し殺し、定年までの何年もの日々を送ることになります。それが健全と言えるでしょうか。

やはり、過剰に権力を欲することは、苦そのものと言ってもよいでしょう。

苦しみの根源を示す5つの集まり

8「五蘊盛苦」は少し難しいかもしれません。**「蘊」とは「集まり」**という意味です。

仏教では、我々生き物は「**色**(しき)・**受**(じゅ)・**想**(そう)・**行**(ぎょう)・**識**(しき)」の5つの集まりで形成されていると説きます。この中で「**色**」は肉体のことです。残りの4つは心の作用をいいます。

「**受**」は外界から何らかの接触を受けて感じ取る働きのことです。ひとつのシーンをもとに説明しましょう。

たとえば、あなたが夏の日に草むしりをしていて、蚊に刺されたとします。

「足に何か触ったな」

という気づきの段階が「受」です。

そして、

「ああ、おそらく蚊が刺しているな」

と頭の中でイメージするのが「**想**」。そして、

「早く、蚊を叩かなければ、どんどん血を吸われてかゆみがひどくなってしまう」

という意思が生じることを「**行**」といいます。さらに、

「半ズボンで虫除け薬をつけずに草取りをしたら蚊に刺される」

という、経験に基づく認識や理解を「**識**」といいます。

所詮人間は、この色・受・想・行・識の5つで構成された生き物に過ぎないのです。したがって、苦しみの根源が、この「五蘊」ということになります。ですので、五蘊に執着すればするほど、苦からは逃れることができないという理屈になります。

この世のすべてが苦しみに満ちており、四苦八苦は避けることができないことが理解できたのではないでしょうか。仏教真理を知るためにはまず、「一切皆苦」を知ることが第一です。

会社も国もいつかはなくなる

諸行無常の本質

「永久に不滅」はありえない

私たちはこの世では苦しみから逃れられないことがわかりました。

ではなぜ、苦が生じるのでしょうか。

それは次に紹介する、「**諸行無常**」だからです。

諸行無常とは、すべての行いは移ろいゆく存在であり、永遠に不滅なものは何もないという考え方です。

かつて、巨人の長嶋茂雄氏が引退セレモニーの時、

「わが巨人軍は永久に不滅です」

と叫び、多くの日本人の感動を誘いました。

「永久に強い巨人であってほしい」

選手やファンが、そう願う気持ちはよくわかります。しかし、揚げ足を取るようですが、いち球団が永続的に優勝争いにからみ、また、存続し続けるなんてことはありえないのです。


同時に、企業も然りです。中小企業白書（2017年版）の「事業所の経過年数別生存率」によれば、開業後、1年経過後に企業が存続している確率は約72％、3年後になれば約50％、10年後には約26％です。起業して、100周年を迎えられる企業は1％あるかないか、とも言われています。

東京商工リサーチによれば、創業1000年を迎える老舗企業は国内に存在する全421万社のうち、わずか7社。世界最古の企業は578年に創業、神社仏閣建築を手がける金剛組と言われています。2番目は池坊（いけのぼう）華道会で587年創業です。その金

日本国内の企業倒産年次推移

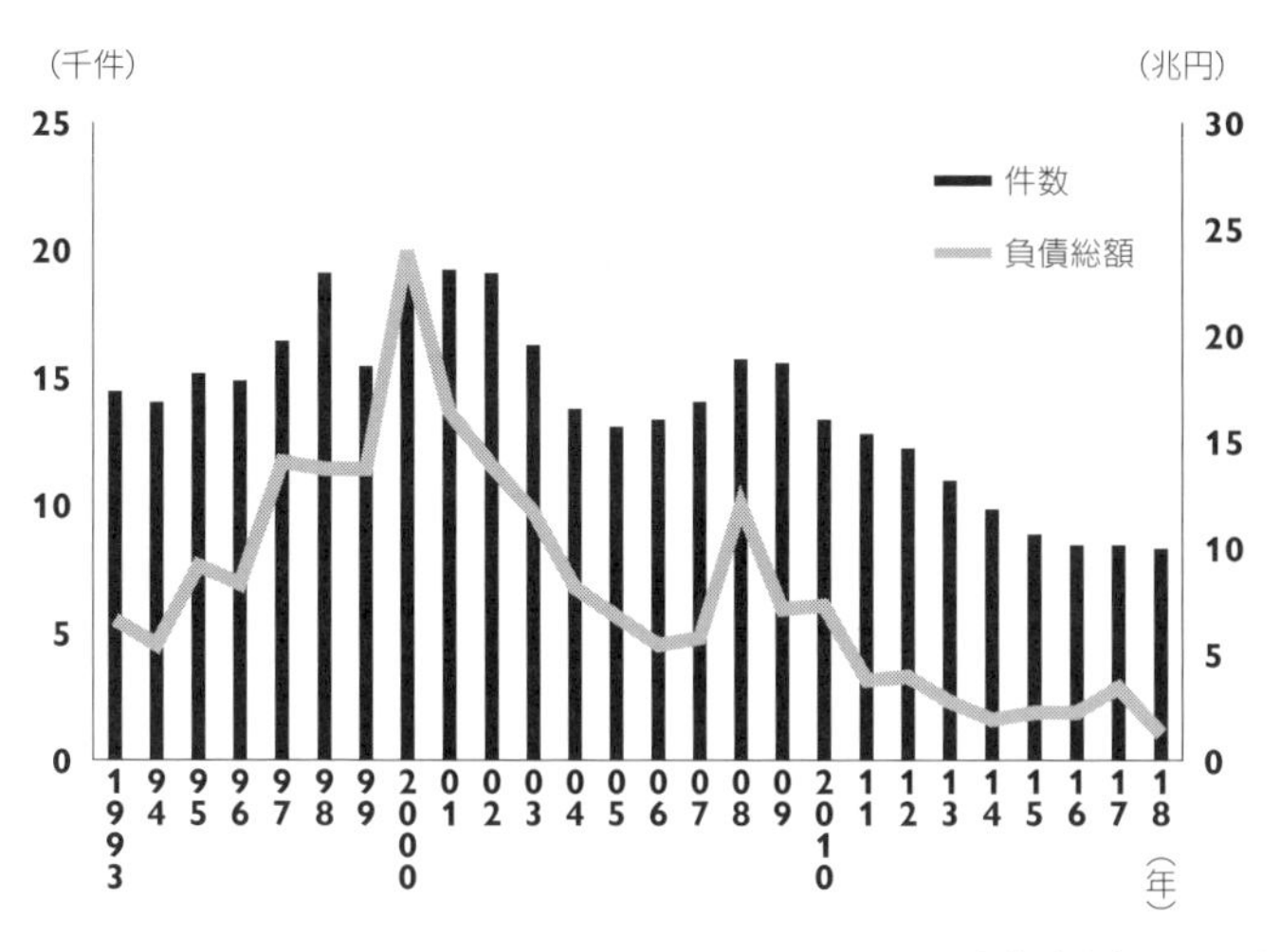

出典：東京商工リサーチ

剛組も2005年に経営破綻し、現在は高松建設の子会社です。

つまり、いくら経営戦略が優れていようと、カリスマ経営者が率いようと、高収益を上げていようと、永遠に継続する企業などは存在しないのです。冷めた見方をすればあなたの会社は、遅かれ早かれ消えてなくなります。信じたくないでしょうが、これは避けられない運命です。

もっと言えば、国家の枠組みですら、100年、200年が経過すれば大きく変わります。日本も74年前の敗戦によって解体的出直しを迫られたことは説明するまでもありません。さらにその約75年前には江戸幕府が終焉し、明治新政府の体制に替わっています。

戦後の国際社会に目を向ければ、東西ドイツが統一し、ソ連邦も崩壊しています。ヨーロッパでは1993

年のマーストリヒト条約によってEU（欧州連合）が誕生しましたが、それも英国が離脱の動きを見せるなど、常に不安定な情勢です。

国家の枠組みですら流動的なのですから、小さな会社の中の権力構造・人間関係などは、あっという間に変化します。物事は急激なスピードで移ろい、変化していき、同じところに留まることがない。

これを禅語で「**無常迅速**（むじょうじんそく）」ともいいます。

それもそのはず、人事異動や昇進など経営者や上司が替われば、その時々で潮目が変わる。

今、特定の上司に可愛がられているあなたは「この世の春」を謳歌しているかもしれません。しかし、次の上司は元上司のライバルだったりします。すると、あなたは新しい上司から、理不尽な嫌がらせを受けることにもなります。繰り返しますが、諸行は無常なのです。

日々怠ることなく精進する重要性

この諸行無常の考え方は、日本人が古くから好んできた美意識でもあります。日本人はパッと咲いて、パッと散る桜が大好きです。短い桜の花の命を無常ととらえ、だからこそ、桜の花はより美しく見え、艶やかな存在に映るのです。

そして、日本人は諸行無常の世界観を様々な芸術に昇華してきました。

あまり文学に触れない人でもP152のフレーズは聞いたことがあるのではないでしょうか。鎌倉時代に著された『平家物語』の冒頭の一節は、あまりにも有名です。

お釈迦さまは入滅の際、このように言葉を残しました。

「弟子たちよ、諸行は無常である。汝ら、日々怠ることなく精進して修行に励め」

このことからも、お釈迦さまが、いかに諸行無常の考え方を大事にしていたかがわかります。

ですから、あなたには、今いる環境にとらわれ、翻弄されることなく、何ものにも執着することなく、常に中道を保つべく「風流に」過ごしてもらいたいものです。

Break time...

ジョブズ氏とZEN

「僕はすり傷がついたステンレスこそ、美しいと思うよ。だって、僕たちも似たようなもんだろ。僕は来年50歳だ。傷だらけのｉＰｏｄと同じさ」

Ａｐｐｌｅの創業者スティーブ・ジョブズ氏は、ある人物から保護カバーで覆われたｉＰｏｄを見せられた時、このように口にしたといいます。彼はこの頃、すい臓がんを患っていました。だからでしょうか、晩年のジョブズ氏の言葉の端々には彼の死生観が見え隠れします。この時、ジョブズ氏は傷ついたｉＰｏｄを見て、瞬時に人生論に置き換えたのです。

禅に傾倒していたジョブズ氏。彼のスピーチの多くには、禅の影響が見られます。禅僧の言葉と共通する点も少なくありません。

「玉は琢磨によりて器となる。人は練磨により仁となる。何の玉かはじめより光り有る。誰人は初心より利なる。必ず磨くべし、すべからく練るべし。自ら卑下して学道をゆるくすることなかれ」（道元『正法眼蔵随聞記』）

これは、**「どんな宝石でも磨かなければ宝石となれない。人も多くの苦難を経て、真の人間となれるのだ」**という意味です。ジョブズ氏が語った先の言葉と、ほぼ同義です。

ｉＰａｄやｉＰｈｏｎｅは外見上、ボタン類はほとんどありません。独特のインターフ

ェースを使いこなしていくうちに、それが「脳」「皮膚」になっていく感覚になるというジョブズ氏の考えは、仏教の**「以心伝心」**（禅語、「何も言わずとも師僧から弟子へと意図が伝わる」）が反映されています。

また、製品の色が「黒」と「白」が多いのも、**「禅画の墨絵」**（見る人がモノクロの世界にどれだけ色彩を想像できるか）に影響を受けているのかもしれません。

ジョブズ氏が実際に、道元禅師の言葉や、禅画の墨絵を知っていたかどうかはわかりません。しかし、ここで言えることは、お釈迦さまや宗祖らの教えは、悠久の年月を経ても、決して色褪せてはいないということです。

それどころか仏教は、今もなお世界のリーダーたちの指針になり続けています。

祇園精舎（ぎおんしょうじゃ）の鐘の声
諸行無常の響きあり
沙羅双樹（しゃらそうじゅ）の花の色
盛者必衰（じょうしゃひっすい）の理（ことわり）をあらわす

——『平家物語』

古代インドの祇園精舎に響く鐘の音は、『万物は移ろいゆくものであり、永遠不滅のものなど存在しない』ということを教えてくれるようである。お釈迦さまが入滅する際、沙羅双樹の花が季節外れの白い花を咲かせ、そして枯れていったように、今、絶頂の中にいる者は、いずれは必ず滅びる運命にあるのだ。

「共存共栄」こそ企業のあり方

「私」も「会社」も実体はない

「我思う、ゆえに我あり」

次に「諸法無我」は、「すべての事象には、永遠不変の主体（我）がない」ということです。

「無我夢中」という言葉があります。無我夢中を辞書で引けば、「（私が）あることにとらわれて、我を忘れること」という意味が書かれています。

「締め切りに追われて無我夢中で資料を作成した」などという時に使います。

したがって、無我夢中というのは「私」が存在することが前提となっています。し

ルネ・デカルト
René Descartes
(1596-1650)
「近代哲学の父」と呼ばれ、近代科学の理論的枠組を最初に確立した思想家。あらゆる不合理を批判検討することを通じ、「我思う、ゆえに我あり」との境地に達した。

かし、仏教でいうところの「無我」の概念とは大きく異なります。

仏教の教えでいうところの無我は、「私」という存在の否定ということです。


フランスの哲学者**ルネ・デカルト**は、こういう命題を投げかけました。

「我思う、ゆえに我あり」

これは、「あらゆる存在」を疑っていけば、最終的には疑っている「私」の思考だけは確かに存在しているということです。したがって、「私」は確実に存在していると。

この考えは後に、近代哲学における礎（いしずえ）となっていきます。

では、仏教における「我（私）」とは何でしょうか。


デカルトも認めた「私」ですが、仏教では完全に排除されます。


それはこういうことです。

今を生きる「私」は、頭から足の先まで様々な部位で構成されていて、何兆という細胞の寄せ集まりです。当然のことながら、先祖や親がいてそのＤＮＡを受け継いでいます。「私」は教育を受け、社会に出て、国家や組織の枠組みの中で生かされます。

その「私」もいずれ老い、病み、死んでいきます。しかし、そのＤＮＡは子孫に受け継がれていく。

つまり**「私」は常に、様々な影響を受け、肉体的にも精神的にも常に変化しながら存在している総体**なのです。そこに「私」という実体はありません。にわかには信じがたい考え方かもしれませんが、仏教ではそうとらえられています。

あらゆる苦しみは、「私が存在する。私の存在を脅かすものから逃れたい」という観念から生じるものです。翻って、**「すべてに実体がない＝諸法無我」としてとらえれば、苦から逃れられる**のです。

会社も実体がない

これを人間の存在から離れ、会社にたとえてみると、わかりやすいです。

「会社とは何か」と定義してみましょう。「私」同様に、会社は会社という「それそのもの」は存在しません。まず、会社をおこした創業者がいて、社屋を建てる土地や資産があって、志を共にする仲間や従業員がいて、従業員や家族を支えるための給与制度や福利厚生があり、休暇があり、利益をもたらしてくれる様々なステークホルダーがいて……。

事業を成立させる歴史や環境、様々な出会いがあって、はじめて「会社」と呼べるのではないでしょうか。ビジネスパーソンであれば、しばしば、

「会社のために」

などという言葉を発することがあるでしょう。

しかし、仏教真理では「会社」という実体もまた、「ない」のです。

そう考えれば、「会社の利益」だけを追求し、苦心していくのは実に近視眼的であると言わざるを得ません。諸法無我の考え方をビジネス哲学に置き換えるとするならば、

「会社は、組織を成立させるために多くの関わりがあり、支えられて存在する。自社だけの利益を求めるのではなく、社会の中で共存共栄していくのが本来の企業のあり方」

という発想になってしかるべきかと思います。

会社ファーストから離れてみる

本当の生き方を見つけ出す

正しい日常を送っているか

最後に、「**涅槃寂静**」です。涅槃はサンスクリット語で「ニルヴァーナ」といいます。

ここまで、

「この世はすべて苦であり、思い通りにならない（一切皆苦）」
「すべては変化する存在であり、同じ状態のものは何もない（諸行無常）」
「すべての物事には主体がなく、多くの関係性の中で存在している（諸法無我）」

六道輪廻(りくどうりんね)

極楽浄土

天道(てんどう)

最も苦が少ないが、
死苦はある

修羅道(しゅらどう)

常に戦いを繰り返す。
"修羅場"の世界

人間道(にんげんどう)

生老病死などの四苦八苦がある。
無常の世界

餓鬼道(がきどう)

絶えず
飢えと渇きに苦しむ

畜生道(ちくしょうどう)

人間以外の動物の世界。
弱肉強食、相互に殺傷し合う

地獄道(じごくどう)

常に鬼による責め苦が続く。
五戒を破った者が落ちる

を説明してきました。

これらの真理を知り、「私への執着」を捨て、煩悩の炎が消し去られると、絶対的な安らぎ・悟りの境地、つまり涅槃寂静が訪れるのです。

涅槃寂静の境地に入れば、輪廻から抜け出せる＝解脱できる、としています。輪廻とは、死後、**「六道＝天道・人間道・修羅道・畜生道・餓鬼道・地獄道」**の苦の世界をぐるぐる生まれ変わり続けて、抜け出せないことをいいます。

お釈迦さまは入滅の際、

「涅槃に入る」

と弟子に告げられたことから、「涅槃＝死」ととらえる人もいますが、そうではありません。

涅槃寂静は、**仏教の最終到達点**です。涅槃寂静に至るためには、「一切皆苦」「諸行無常」「諸法無我」を理解した上で、正しい日常の行い（**八正道**）を実践する必要があります。

八正道の実践をここに改めて記しましょう。

八正道とは……

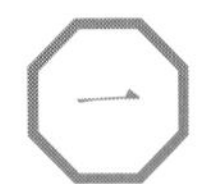

正しい見解（正見）
諸行は無常であるということを理解し、
何に依ることもないものの見方をすること

正しい考え（正思惟）
我欲や怒り、憎しみなどを捨て、
他者を害さない中立的な考え方をすること

正しい言葉（正語）
嘘をついたり、二枚舌を使ったり、
自己に都合のよいことばかりを言わないこと

正しい行い（正業）
むやみに生き物を殺したり、盗んだり、異性関係の
乱れなど、人としてやってはいけないことをしない

正しい生活（正命）
自らを戒め、規則正しい生活を送り、
決して人を騙したりしないこと

正しい努力（正精進）
罪を犯さず、すでに犯した罪は繰り返さないようにし、
正しい生活を送るよう励むこと

正しい意識（正念）
何ものにも惑わされることなく、物事の本質を見極め、
仏の真理に向かって邁進すること

正しい注意（正定）
瞑想などで心を集中させ、煩悩を断ち切り、
涅槃へと導くこと

ビジネスの上でも、八正道の実践はとても大切なことです。とくに、「正しい行い(正業)」や「正しい生活(正命)」は、「何のために働くか」という命題にもつながる要素です。

そう考えれば、誰かや何かを犠牲にしてむやみに事業を拡大したり、都合のいいことばかりを説明して粗悪品を売りつけたり、相手を不幸に陥れるような仕事は「正しい仕事」とは言えません。

米国のトランプ大統領は「自国ファースト(第一主義)」を掲げていますが、「私ファースト」や「会社ファースト」から離れたところに、あなたの本当の生き方があるはずです。

仏教の教え

「四法印」に基づく仏教の真理を理解し、避けられない運命や人生の不条理を受け入れる。その上で、正しい日常の行いを心がける。

出家（しゅっけ）

Restart

▼

再出発

世俗に生きる者が発心して、法衣（ほうえ）を着用し、仏門に入ること。

窓際からの解脱？

こんなひとは参考にされたし

- 定年後の生き方に悩む人
- 企業の不祥事、業績不振は すべて経営者の責任ととらえている人
- 転職しようか迷っている人

人生の苦を知った者だけが、そこから解き放たれる

本来は誰でも自由に出家できる

「老・病・死」を目にしたシッダルタ王子の決意

今から遡ること2500年ほど前。古代インドにカピラヴァストゥという小国があり、同国を支配していたシャカ族にシッダルタという王子がいました。

ある日、王子は城の東の門から街へ出ると、路傍にひとりの老人を見つけました。老人は腰が大きく曲がり、骨と皮だけのヨボヨボの姿でした。王子は、付き人にこう聞きました。

「この人物はどうしたのか」

付き人は、答えました。

「この者は老人です。人間は皆、こうして年老いていくのです」

またある時。シッダルタ王子は南の門から街に出ました。すると、臭気を放つ瀕死の病人がいました。王子は、付き人にこう聞きました。

「この人はどうしたのだ」

「この者は病人です。人は皆、病気になり、苦しんで死んでいきます」

またある時、シッダルタ王子は西の門から外に出ました。すると、今度は葬送の風景に出くわしたのです。王子は、つぶやきました。

「私もこうして死んでいくのか」

「その通りです。誰もが死は避けられません」

王子は、最後に北の門を開けました。そこには、出家修行者が立っていました。そこで、シッダルタ王子は人生で避けられない「老・病・死」の苦を観じ、悩み抜いた末に城を出ることを決意します。

将来的な王の地位や妻や子供、すべてを捨てて王子は出家したのです。

「四門出遊（四門遊観）」という逸話は、若きお釈迦さまが出家を決意した際の出来事として、今に伝わっているものです。

ファッション感覚で出家する者も

出家──。一体、どういうことなのでしょう。一般的には在家の人間が、僧侶になるべく、仏門に入ることをいいます。

たとえば、日本には「出家し、僧侶の資格を得た者」（文化庁『宗教年鑑 平成29年度版』記載の仏教系宗教団体に所属する教師資格取得者の総数）が、およそ34万人いるとされています。

しかし、このほとんどがお釈迦さまのように人生の苦を知り、そこから解き放たれたいと願って遁世（とんせい）したわけではないはずです。お釈迦さまの時代の出家と、現代日本における出家の形態は、まるで異なっているのです。

日本の寺は、世襲による継承が当たり前になっています。寺に生まれた子弟は宗門大学などに入学し、一定期間の修行をこなすことで僧侶の資格を得て、寺を世襲していくのが通例です。

かくいう私も大学時代に、3期にわたって浄土宗の定める僧侶養成講座に通い、22

歳の時に浄土宗僧侶としての戒を授かる「加行」を満じて、正式に僧侶の資格を得ています。

古代インド仏教に詳しい花園大学の佐々木閑教授は、「出家」について、こう解説します。

「本来、出家とは世俗では手に入れることのできない特別なものを求めて、自分の家族など一切を捨てて世俗を離れることです。お釈迦さまの時代における出家の動機は様々。お釈迦さまのように『この世は一切皆苦だ』と認識した上で『その苦しみから逃れたい』『生きがいを求めたい』という志を持って出家するケースもあれば、出家そのものに憧れを抱き、『出家ってカッコいいね』とファッション感覚で出家する者も多く存在しました。

出家の時点では年齢や資質は問われませんでした。殺人者だって、お釈迦さまや仏教サンガ（出家修行者の組織）は受け入れました。日本のお寺の子弟の〝出家〟の形態とは、まるで違います」

定年後に出家して、「第二の人生」を歩む

定年まで駆け抜けたサラリーマンは出家したも同然

大手電機メーカートップからのシニア出家

確かに、お釈迦さまの時代には目連(もくれん)や舎利弗のように、〝高齢〟の出家者もいました。ですが、私が入った道場では、修行者のほとんどは、同世代の若者でした。

しかし、古代インドの出家者のように、現代日本においても年を召してから、別の価値観を求めて世俗を離れたいと願う人もいます。たとえば早期退職し、あるいは定年後に、「第二の人生」として仏門を歩む人などがそれにあたります。

長野県千曲(ちくま)市にある開眼寺(かいげんじ)住職の柴田文啓さん(84)＝取材時＝は、そうした在家出身

開眼寺住職の柴田文啓さん

の出家者のひとりです。私は柴田さんとは5年ほど前に知り合い、1年に1度ほどお会いする関係です。先日は京都で佐々木教授と柴田さんと、一度にお会いする機会がありました。

ここからは、柴田さんの人生を振り返りつつ、佐々木教授の解説を交え、「シニア出家」の魅力に迫ってみたいと思います。

柴田さんは大学卒業後、工業計器大手の横河電機（東京都武蔵野市）に就職。同社の産業用コンピューターを手がけるなど、技術畑を歩み、42歳の時、同社の医療事業の立ち上げに参画しています。米ゼネラル・エレクトリック（GE）との合弁会社設立にも携わり、その後、ヨコガワ・アメリカ社社長にまで上り詰めた方です。

そこで知り合った「経営の神様」と呼ばれるGEのCEOジャック・ウェルチ氏とは、今でも懇意にされているそうです。

そんな柴田さんが出家したのが、横河電機役員を退いた後の65歳の時でした。柴田さんは、若い時から座禅会に通うなどして、仏教に大きな魅力を感じていたということです。

滋賀県の臨済宗寺院で1年3ヶ月の間、雲水として修行に励み、正式に禅僧に。でも、柴田さんは在家出身者です。寺の生まれであれば、そのまま自坊を継ぐことができますが、柴田さんには入るべき寺がなかったのです。

そこで、宗門の紹介を受け、２００１年に住職として入ったのが縁もゆかりもない長野県千曲市の里山にあった開眼寺でした。柴田さんが寺に入った時、開眼寺は無住で、檀家はわずか1軒のみでした。

柴田さんは、このように振り返ります。

「第二の人生として、僧侶として生きることは理想的だと思いました。寺の収入は足りなくても、長年企業勤めをしていれば年金が入る。贅沢をしなければ寺という恵まれた環境の中で、人生の再設計ができます。そして多くの悩みを持った人を受け入れる。私のようなリタイア組は社会を経験していますから、世襲型僧侶とは違った視点で人々に対する寄り添いができると考えました」

檀家を多く抱えた寺にはできない寄り添い方

柴田さんは、企業人時代に培った発想力、行動力で開眼寺をみるみる再生していきます。退職金などを元手に、あばらや同然であった開眼寺をリフォーム。坐禅堂や、宿泊設備を整えました。

そして、柴田さんが目をつけたのが、寺を企業研修の場として開放し、働く人に寄り添うことでした。

退職金などを元手に、あばらや同然であった開眼寺をリフォーム

そこでは企業に入社した新人や、管理職が開眼寺に集い、座禅で自分と向き合い、「働く意味」などを問い直します。これまで、柴田さんが在籍した横河電機や、総合商社の双日、地元長野の企業、公立学校に赴任した教師の研修など大勢が柴田さんの元で研修を行いました。

「檀家を多く抱えた寺なら、檀家の目を気にしてしまい、こういうチャレンジはできなかったでしょうね」

さらに柴田さんがスゴいのが「自分に続け」と、リタイア組の出家者を増やすべく、宗門に働きかけていったことです。そして、柴田さんの立案に臨済宗妙心寺派も応じ、「第二の人生プロジェクト」が２０１３年に立ち上がりました。「第二の人生プロジェクト」とは、リタイア組に対し、広く門戸を開き、住職になるべく宗門を挙げて出家を支援していく仕組みのことです。

花園大学の佐々木教授は言います。

「現代社会で本式に出家することは、とても難しいことです。しかし、社会人として定年まで全うし、人生を駆け抜けると、出家したのと同じ状態になる。つまり、シニアは地位や収入を、すでにある程度手に入れてしまっているので、その後の人生において我欲を求める必要があまりない。そのうえ、日本のサラリーマンは社会保障が充実しているので、老後の出家が十分可能です。そういう意味では、人生の後半戦、第二の人生として出家し、仏門に入るというのは、理に適(かな)っていると言えます」

ハードルを下げた修行メニュー

しかし、日本の仏教教団の多くは、お釈迦さまの時代のように「誰でも出家できる」(※借金を抱えていたり、病気の者は例外的に出家できなかったといいます) わけではありません。

先に述べたように、そもそも古代インドでは、出家者には広く門戸が開かれていました。年齢制限もなく、また、修行メニューもその人の体力や能力に合わせて、できる範囲で行えばよかったのです。

一方で、日本の仏教の修行内容は、老若男女を問わず一律であるのが通例です。道場では「高齢で膝が悪いから、座禅や正座の時間を短くしてあげよう」などという配慮はほとんどありません。厳しい規律を守りながら、仏教学を学び、作法などを体得していかねばならないのです。

修行中は束縛そのものであり、精神的にまいって、途中で断念する修行僧も少なくないです。私の修行の同期も、満行まで一緒だったのは6割ほどでした。

しかし、臨済宗妙心寺派の「第二の人生プロジェクト」ではリタイア組（60歳以上）を想定し、ハードルを下げた修行メニューを用意しました。体調を損なわないよう休憩も多めに設定し、家族との面会もできる。携帯電話やパソコンも部屋にいる時に限って許可をするといいます。

そうして、この5年間で「柴田さんに続け」と、出家（得度）した人が67人も出てきました。うち22人がすでに僧籍を得て寺に入り、6人が住職に就任しています。ほとんどが定年後出家した人です。

「私のように第二の人生において、寺に入ってもいいという人が増えていけば、無住の寺を再生することができます。また、その方にとっても充実した老後が送れるはずです。今の時代には広く人材を集めることが仏教界に求められています」（柴田さん）

実は柴田さんは２０１９年春、自坊のある長野県千曲市を離れて京都に移住されました。近い将来、「第二の人生プロジェクト」に応募して僧侶になった後継者に、正式に開眼寺住職の座を譲られるということです。開眼寺は柴田さんが私財を投じ、苦労して再生した寺でした。しかし、あっさりと寺を手放すというのです。

柴田さんはあっけらかんとして、こう私に言いました。

「開眼寺には愛着はありますが、自分の寺という認識はありません。寺は私の所有物ではないですから。**ビジネスライクに考えれば、ひとつのつぶれかかったお寺を再生し、次の人にバトンを渡す。ただそれだけです。**一般企業でも同じことでしょ」

80代で大学入学

驚くことに柴田さんは妻の弘子さん(82)とともに、佐々木教授のいる花園大学文学部仏教学科に2019年の春、入学しました。花園大学では、「100年の学び奨学金」制度なるプロジェクトを2018年よりスタートさせています。50歳を超えた入学者には、年代分の割引(柴田さんの場合、80代なので学費80%引き)が適用できるという制度です。柴田さんは同大学が始まって以来の、最高齢の新入生となりました。★

「私の場合、残された人生はせいぜいあと5、6年でしょう。そこで、自分に与えられた人生とは一体、何だったのか。今、この段階で学校に行くことは、人生を振り返るのにとてもいい方法なのではないかと考えました。人生の最晩年に哲学や宗教を学ぶ。実に理想的ですよ」

柴田さんや弘子さんは、孫ほど年が離れた学生と一緒に、授業を受け、ストレッチなどの体育の必須科目も受講しています。

柴田さんは、「若い人たちと学べて、楽しくて仕方がない。これまで仏教を体系的に学んだことがなかった。2年生から受けられる佐々木先生の授業を受講するのが楽し

★花園大学は、明治5年に宗門を担う寺院後継者育成のために設立された妙心寺の学寮・般若林に始まる**臨済禅の最高学府**。仏教学科はその基幹学科として、建学の精神である禅のこころを最も具現している学科であり、確固たる主体性を有した何ものにも執われない自由なこころと**国際的**な広い視野、そして不屈の**行動力**をもって、すべてにわたり臨機応変に対処し、自発的に**社会に貢献**し、人々に率先して模範となる、行と学の釣り合いのとれた「**禅的人材**」の育成を目指している。(花園大学HPより)

み」と話します。

そんな柴田さんに対して、佐々木教授もエールを送っています。

「つまり柴田さんの場合、人生で2度、出家されたということですね。最初は定年退職してお坊さんになられた。そして今度は、寺からも出家する、という、稀有なケースです(笑)。檀家のほぼいない寺の住職だったとはいえ、寺の運営という世俗的なお仕事の面もあったでしょう。そうした部分も今回、ぜんぶお捨てになった。『もはや、しがみ付くものが何もなくなった』という状態でしょうね。

柴田さんを見ていると、まさにお釈迦さまの時代の出家のあり方そのものだと感じます。本当に精神的な喜びだけを満たすために、学校に入学されたということであれば、これはお釈迦さまの出家と何ら変わらないですから。こういう柴田さんのようなケースが今後、ますます増えていくといいですね」

老後出家という生き方

私自身、自戒を込めて言わせてもらえば、寺に生まれたからといって僧侶としての資質が備わっているかといえば、それは別問題です。若い頃に出家しても、我欲を捨て、執着から離れるのはなかなか難しいことです。

だから、時に世間から「生臭」などと批判も浴びることもあります。僧侶の資質問題が、現代の仏教離れなどにもつながっている側面は否めないでしょう。

そう考えれば、柴田さんのように人生を重ねたシニアに、「**老後出家**」という手段がもっと、開かれてもよいのではないか、と思います。在家出身僧侶と既存の僧侶が混じり合うことは、仏教界にとっても決して悪いことではないのです。

僧侶とは、職業ではなく、生き方そのものであると思います。老後を仏教とともに歩んでいく。そんな人生も選択肢のひとつに入れられてはいかがでしょう。

仏教の教え

定年後は、出家ととらえ、仏教を学んでみる。その過程で、好きなことをするのも良し。

特別講義

弔事と人間関係

Study 1

「閉じられた葬式」がもたらす弊害

最近、いつお葬式に行きましたか？

あなたは最近、会社の上司や同僚の親などの葬式に出席したことがありますか？とくに東京都内の大企業で働くビジネスパーソンにお尋ねします。ここ数年、会社がらみの不祝儀の話を聞かなくなっていませんか。20代の駆け出しビジネスパーソンにとっては、「上司の葬式を手伝う」なんて、ピンとこないのではないでしょうか。

ひと昔前まで、企業のOBや上司の両親らが亡くなった際、同僚や部下らが葬式を手伝うことは、社内の人間関係を保つ上で、とても大切な務めでした。

いつでも通夜や告別式に参列できるようにデスクの引き出しの中に、香典袋や筆ペン、黒ネクタイ、数珠を忍ばせていた人も少なくないでしょう。この時ばかりは残業をせずに通夜に駆けつけ、受付や香典の管理、参列者の人員整理などをしたものです。

かくいう私もかつては、上司がらみの葬式に何度も参列しました。

オフィスで普段、威張っている上司がしんみりと涙を見せたり、「わざわざ来てくれてありがとう」などと感謝の言葉を口にしたり、家族を紹介してくれたり……。その姿を見て、「部長も案外、人間らしいところがあるんだな」などと、上司の意外な人間味に触れ、それが、社内の人間関係を強める要素になっていました。

社内の訃報は、長い目でみれば、職場の人間関係に潤いをもたらしてくれるプラス面があったと、私は考えています。

しかし、ここ数年はどうでしょう。社員がらみの葬式に参列することはほとんどなくなっています。私の場合、２００８年ごろが最後だったように記憶しています。

そもそも会社の訃報通知を目にする機会が少なくなっています。企業のＩＴ化が進んでいない20年ほど前までは、会社の廊下の掲示板に訃報が堂々と張り出されていました。たとえば、こんな書式です。

お知らせ

東西次郎(とうざいじろう)さん(85歳)

元大陽商事代表取締役会長

11月6日　死去

喪主(妻)　東西花子(はなこ)さん
通夜　11月9日午後6時〜
告別式　11月10日午前11時〜
場所　東京都杉並区○-○-○
▲▲寺
問い合わせ先
大陽商事社　代表
TEL03-××××-××××

11月6日　人事部長

つまり、「死」がオープンになっていたのです。

9割が家族葬か直葬

今では社員がらみの訃報の通知は、かなり限定的になっています。訃報を知るには、電子掲示板に能動的にアクセスしなければなりません。社員がらみの訃報を毎日チェックするようなビジネスパーソンは、そうはいないでしょう。

だからといって、当事者自らが部下らを集め、「うちの父親が死んだ。明日から1週間忌引きを取らせてもらう。通夜と葬式をやるから、手伝いに来てくれ」と号令をかける上司も最近ではあまりいないでしょう。人事部は人事部で、個人情報保護の機運が高まってからというもの、訃報はプライバシーの程度が高いとみなし、情報を積極的にオープンにしません。

そして電子掲示板の訃報通知には、決まってこんな文言がさらりと添えてあるのです。

「通夜・告別式は近親者のみで行います。香典や供花は謹んでご辞退申し上げます」

こう書かれていれば喪主が、参列者を集めない「家族葬（密葬）」もしくは、葬式を実施しない「**直葬**」のいずれかを選択したことを意味しています。

私は2017年に、東京都千代田区にある大企業（連結社員数約5500人）の3年間の訃報通知をカウントし、解析したことがあります。すると、**約95%が「家族葬」か「直葬」**でした。

家族葬とは、一般弔問客を集めず、身内だけで弔いを行う「閉じられた葬式」のことです。かつては「密葬」と似ています。

さらに、直葬になると、葬式そのものをしません。死亡後は、火葬場に直行です。と

直葬

葬儀・告別式をしない火葬のみの葬送の形態。最近は家族葬から通夜を省いた「一日葬」なる形式の葬式も出現。

お知らせ

南北太郎(なんぼくたろう)さん(92歳)

海外事業部
南北修(おさむ)さん厳父(げんぷ)

4月23日午前3時　死去

喪主(長男)　南北修さん

※通夜・告別式は近親者のみで
　執り行いました。

※自宅への弔問・香典・供花・供物
　等は謹んでご辞退申し上げます。

4月25日　人事部長

はいえ、「墓地、埋葬等に関する法律」第3条では「死後24時間を経過した後」でなければ火葬できないことになっていますから、遺体安置施設などに一時保管した上で、火葬場の空き状況をみて、荼毘(だび)に付すことになります。

有名人の葬式も薄葬化が進む

家族葬・一日葬・直葬のいずれも、「閉じられた葬式」であることには変わりはありません。

かつて密葬の中には、世間に死の事実を知られたくない場合に行われる「タブーな葬式」が含まれていました。つまり、何らかの〝事故〟に巻き込まれて亡くなったりするケースなどです。

「葬式くらいはきちんとしなければ、地域社会や遠縁から変なうわさが立ちかねない」という世間体もあり、これまで日本人は、よほどのことがない限り死をオープンにしてきました。地域で、死者が出れば回覧板などでその死を告知するとともに、町内会が葬式を取り仕切ったものです。そこに会社関係や交友関係も葬式の手伝いに加わり、大勢で見送った。昔は弔いの社会基盤がしっかりしていたのです。

しかし、ここ10年ほどで葬式はがらりと形態を変えました。先の調査でもわかるように、東京都心部では家族葬が全体の5割以上、直葬は3割以上を占めていると思われます。私は葬送が簡素になってきている傾向を「**薄葬化**」と呼んでいます。

現在、葬送の担い手である団塊世代（68～70歳）の薄葬傾向は、とても顕著です。冠婚葬祭総合研究所の「葬祭等に関する意識調査」（2016）によれば、「自分の葬式は家族葬がいい」と答えた団塊世代は86％。また、「直葬」を容認した比率は53％に及んでいます。

このような「閉じられた葬式」は今、中核都市に広がりを見せ、地方都市にも波及しつつあります。

葬式に出席せずに仕事をする同僚

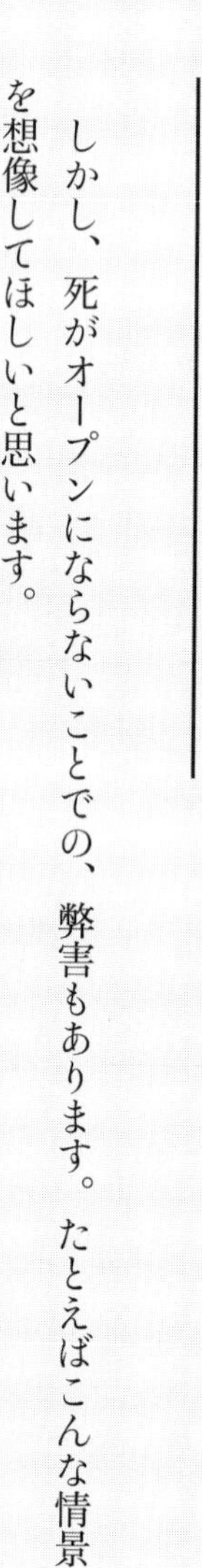

しかし、死がオープンにならないことでの、弊害もあります。たとえばこんな情景を想像してほしいと思います。

目の前の同僚が暗い表情で、黙々と仕事をしている。実は彼の母親が昨日、亡くなっていた。しかし、本人は最近の職場内における「死を隠す」風潮を鑑み、また、目の前の仕事を投げ出せないことへの責務を感じ、会社に「忖度」していつものように出勤した。そして本人はこう考える。

通夜は仕事が終わってからでいい。葬儀・火葬を休日にあてはめれば、会社には完全に秘匿できる。葬式の告知をしないので、同僚の誰もが知らない。葬式すべてが終われば、いつものように普通に出勤すればよい――。

Column

変わりゆく葬式のかたち

薄葬化傾向の高まりは一般庶民だけではありません。死を広く知らしめる必要のある著名人も、薄葬の影響を受けつつあります。

新聞の訃報欄をご覧いただければ一目瞭然です。「通夜」および「葬儀・告別式」の日取りや場所が書かれておらず、代わりに「告別式は近親者で行う」との文言が添えられているケースが大半です。

新聞の訃報欄に掲載される故人は国会議員や文化人、大企業のトップなどを経験した著名人です。こうした「公人」ですら、会葬者を集めた葬式をやらないようになっているのです。支援者が多数存在する政治家までもが、今では葬式を滅多にやりません。

2018年1月、「影の総理」と言われた元官房長官の野中広務さんが亡くなりました。私も政治記者時代、野中さんにはお世話になっていたので葬式に参列したかったのですが、家族葬でした。その3ヶ月後、**「お別れの会」**が開かれ、そちらに出席しました。

最近では、芸能人が亡くなった際にも、後日ファンに向けて「お別れ会」を催すことが珍しくありません。

2019年7月に亡くなった「ジャニーズ事務所」社長のジャニー喜多川さんのお別れの会に訪れた人たち

そんな悲しい状況が、あなたの周りで起きている可能性があります。いや、あなた自身がすでに、そうせざるを得ない職場環境にいるのかもしれません。

就業規則で定める忌引きは、配偶者の場合10日間、父母の場合7日間であることが多いです。しかし、規定通りの忌引き日数を休んでいる人があなたのオフィスで、どれだけいるでしょうか。

もし、**あなたがここしばらく、忌引きを取得した同僚を見ていないとすれば、あなたの企業は「黄色信号」かもしれません**。

昨今、企業は「働き方改革」を声高に叫んでいて、残業を減らしたり、有給休暇取得を奨励したりしていますが、それは表面上のこと。

忌引き休暇の取得は、有給休暇取得以上に大事なことです。故人を見送り、家族に寄り添い、自身も悲しみに向き合い、昇華しなければならない葬送の局面こそ、しっかりと休暇を取るべきなのです。

まっすぐ死と向き合うことで、生への活力、すなわち働く意欲が湧いてきます。

会社内忌引きの問題は、働き方改革の流れの中でも、きちんと論じられるべき問題

死亡場所構成比率の推移

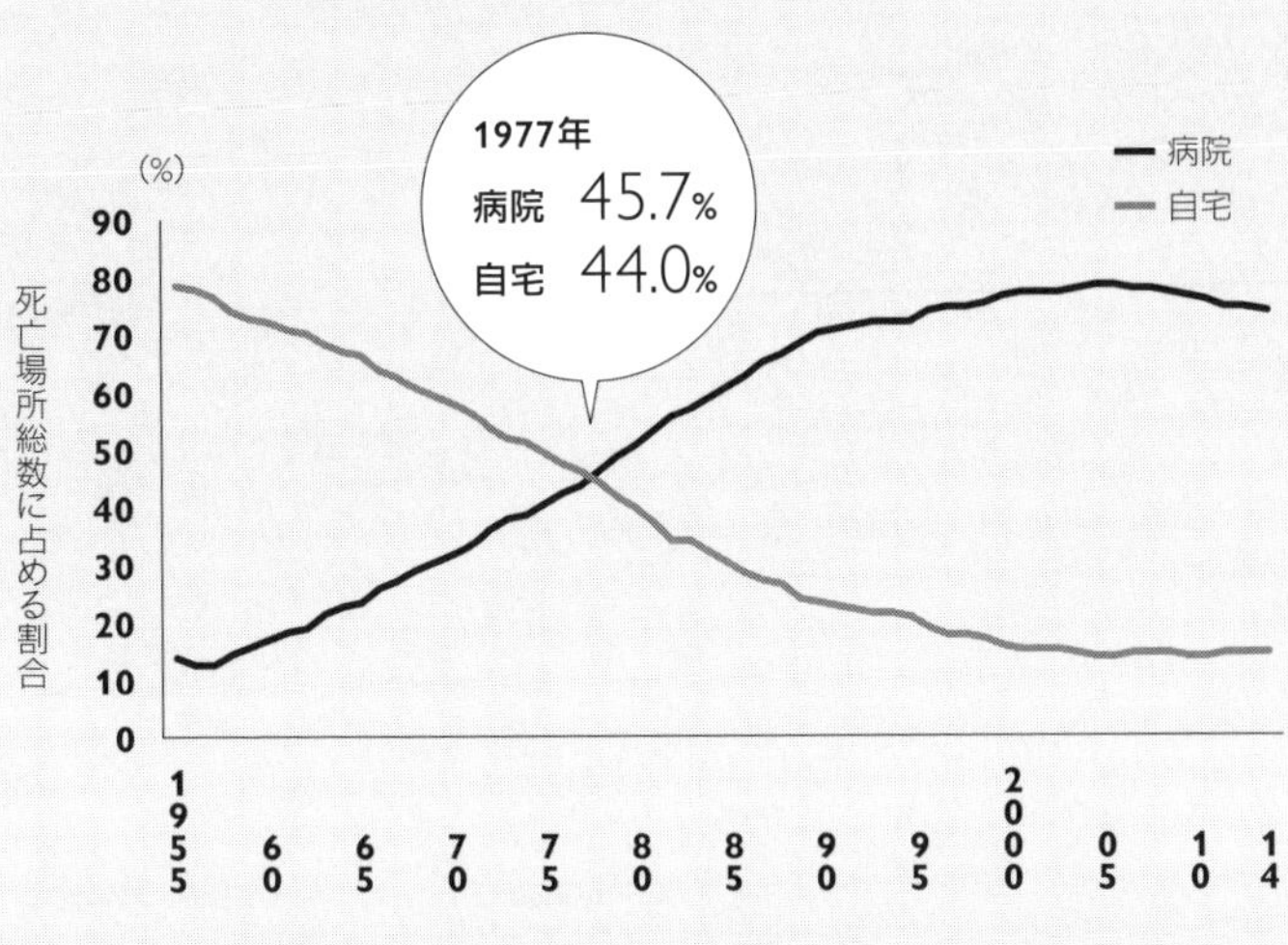

出典：厚生労働省「人口動態調査」を基に冠婚葬祭総合研究所が作成

だと思います。

また、社会全体に薄葬化が広がると、いずれやってくる自分の身内の死に対して、きちんと看取ることさえ憚(はばか)られる心理状態になります。それは殺伐とした、とても残酷な社会だと言わざるを得ません。

ガバナンスの低下にも直結しかねない

薄葬化の要因は何でしょう。大きくとらえれば長寿化と核家族化、そしてマネーの問題です。長寿化は、それ自体は喜ばしいことですが、施設生活が長引けば、地縁と血縁を分断させる側面を持っています。

参考までに、「死亡場所の推移」を紹介しましょう。

厚生労働省「人口動態調査　平成29年」によれば、1955年には自宅死が77%、病院死が15%でした。

それが1977年を境にして自宅死と病院死が逆転。現在では自宅死がわずか13%、病院や高齢者施設で死ぬ割合が85%となっています。

晩年、数年間でも高齢者施設に入れば、その人は地域社会の一員ではなくなってしまいます。すると、遺族は地域の人を巻き込んで、大々的に葬式を執り行うことを躊躇してしまうことでしょう。

薄葬化は社会の結びつき（＝絆）が弱まっていることを、示唆しているのです。

翻って、企業における「閉じられた葬式」の広がりは、会社の人間関係が希薄になっている証左かもしれません。結果的に、ガバナンスが低下していくことにもなりかねません。

Study
2

知らずに死ねない「葬式の基本」

「日本的葬送」のココロとは

ここで、「葬式の基本」を押さえておきたいと思います。
２５００年前、仏教の祖、お釈迦さまは「涅槃」に入る直前に、出家者らにこのように言葉を残しています。

「私の遺骨を崇拝してはならない」

お釈迦さまの真意はこう。葬送や遺骨への執着が修行の妨げになることを恐れて、弟子らに釘を刺したのです。

しかし、実際にはお釈迦さまの葬式は盛大に執り行われました。出家者らには「関わるな」とおっしゃったお釈迦さまですが、在家信者らには正反対のことを伝えていたからです。

「世界一の大王の葬儀を手本にして、盛大に、最上の方法で行うように」

お釈迦さまは丁重に棺に入れられ、貴重な香木を使って火葬されました。これは在家信者らに、葬式に関わらせることで、「功徳」を積ませるためのお釈迦さまの配慮だったのです。**多くの功徳を積んだ信者らは、あの世で「果報」が得られますから、お釈迦さまの葬式に携われることはとても有難い機会だった**のです。

お釈迦さまの没後、仏教は中国・朝鮮半島を経て日本などに伝わった大乗仏教と、スリランカやタイなどに伝わった上座部仏教とに分かれます（P81参照）。日本は6世紀の仏教伝来後、中国の儒教や道教、そして日本に土着していた神道などとも混じり合い、「日本固有の仏教」を醸成してきました。

本来の原始仏教では出家僧侶が葬式に関わることを禁じたのは先に述べた通りです。

しかし、日本の仏教界は、地域や時代ごとのニーズをとらえて、積極的に葬送や埋葬に関わってきました。

そのことで、日本の仏教は時に批判を集めることになります。

「葬式は本来の仏教ではない。日本のお坊さんが儲け主義なだけ」と非難する人もいるかもしれません。しかし、日本の仏教が葬送を大切にしてきたことで、結果的に「慈悲にあふれた寛容な社会」を醸成してきた側面も大いにあるのです。

それは、葬送を通じて故人に思いを馳せ、感謝すること。また、ご先祖さまなど、「見えざる存在」を感じることで、道徳的・抑制的な生き方ができるということも言えるでしょう。あるいは、葬送を経験し自身の死をも見つめることで、限界を意識し、だからこそ今を有意義に生きられる、とも言えるかもしれません。

香典は遺族への配慮

それでも、「葬式にはカネがかかる。そんなの現実的に無理」という人もいるでしょう。

通夜の流れ

1 斎場到着

身だしなみを整え、携帯電話の電源は切っておく。

2 受付・記帳

受付にてお悔やみを述べ、香典を渡し、記帳をする。記帳後は会場内に入る。遺族が参列者の挨拶を受けている場合もあるので、整然と並んで短くお悔やみを述べる。

3 焼香

席次が決められている場合は案内に従う。決められていない場合は先着順に、前から順に詰めて着席する。通夜の構成は、「僧侶の読経（どきょう）」→「遺族や親族の焼香」→「一般参列者の焼香」の順が一般的。係員が誘導してくれることが多いのでそれに従おう。

4 通夜振舞い

香典返しを受け取ると、通夜振舞いの席へ案内されることもある。通夜振舞いは、故人への供養の意味合いが込められている。ただし、遺族の方は心労・疲労が重なっているので、長居を避けるなど配慮も必要。また、宴会ではないので、飲みすぎたり大声を出したりしない。

5 告別式に参列できない時は……

翌日の葬儀・告別式に参列できない場合は、手短なお悔やみの言葉とともに、お詫びしておくのが丁寧。

最低でもこれだけは知っておきたい！

“通夜”のマナー

本来は遺族や近親者だけで行う儀式が「通夜（本通夜）」でした。最近では仕事などの都合から、日中に行われる葬儀・告別式よりも、夜間に1時間程度で終える「通夜（半通夜）」に参列することが多くなっているのが実情です。
ここでは、急に参列することになっても困らないように、ビジネスパーソンが知っておきたい通夜のマナーをまとめました。

服装

男性

喪服が基本。
ブラックスーツまたはダークスーツでも可。ネクタイや靴下は黒に統一する。装飾的な腕時計、華美なアクセサリーは外したほうがよい。

女性

喪服が基本。
黒または地味な色とデザインのワンピースやスーツでも可。
※なお、革や毛皮のコートは「殺生」をイメージさせることから避けたほうがよい。

持ち物

□香典
□袱紗（ふくさ）（香典を包んでバッグに入れる）
□数珠
□ハンカチ（色物はNG）

しかし、そもそも葬式は**共助の精神**で成り立っているのです。肉体・精神面での負担は、地縁や血縁全体で執り行うことで緩和され、金銭面においても「香典」という形で還元される仕組みなのです。

香典は故人や御本尊に対する供物の意味があると同時に、急な出費を強いられる遺族を扶助する側面があります。

一般参列者を多く呼べば呼ぶほど香典収入が見込めますから、式場のしつらいを派手にしなければ、十分、元が取れるはずです。**費用・労力の両方の負担を、地縁血縁で補い合うのが、本来の葬式のあり方**なのです。

家族葬や直葬の場合、「死を知らされなかった」「葬式に呼ばれなかった」として、五月雨式に弔問客から連絡を受けるケースも少なくないです。「価格表」だけで家族葬や直葬を選べば、かえって負担が大きくのしかかってしまいかねません。

常に、地域や親族、仕事仲間らと「死」の情報を共有し、いざという時には「困った時はお互い様」の精神で心を込めて故人を送ることが、大切になってくるでしょう。

Study
3

お墓参りの偉大な力

お墓参りの目的は、「幸福な死」の追求にあり

私たちは何のためにお墓参りするのでしょうか。

最近では、「お墓は維持コストがかかるだけの負の遺産」として、墓じまいするケースが多々見られるようになりました。

合理主義者にとっては、お墓は精神的な拠りどころになるどころか、生活の中の無駄な要素、としてとらえられているようです。これは、お墓参りの本質を見失った、残念な風潮だと思います。


お墓参りの目的とは何か。それは、**第一義的には故人の供養を通じ、あなたが功徳**

を積む機会を得て、最終的にあなた自身が幸せな死に方をするためです。

文豪武者小路実篤（むしゃのこうじさねあつ）は、『人生論・愛について』の中で、このように述べています。

《死んでゆくものの生き残る人々への愛は美しいものである。死んでしまった者にたいして、生きた人間が、その功を感謝するのは当然なことであり、又自然なことである。死んだものはどうせそれを知ることは出来ないが、しかし死んだのち人々が自分に冷淡でないことを考えることは気持の悪いものではない》

もっとも、美辞麗句を語ってもピンとこない人がいるのは百も承知です。しかし、お墓参りは生き馬の目を抜くようなビジネスの世界に生きる人にこそ、ぜひ実践していただきたい行為なのです。それをこれからご説明しましょう。

世界遺産に登録された百舌鳥古墳群の仁徳天皇陵古墳（大山古墳、右奥）と履中天皇陵古墳

時代を経て形を変えるお墓

お墓参りの意義を説く前に、埋葬の歴史や文化について、少し学んでみましょう。

お墓の最古の例は、シリアの洞窟で発見された6万年前のネアンデルタール人のお墓だとされています。日本では大阪府藤井寺市の遺跡から、２万５０００年前（旧石器時代）のお墓が発見されています。

邪馬台国の女王、卑弥呼について書かれた『魏志倭人伝』（3世紀）には、わが国の葬送事情について、述べられています。

そこには、庶民でもきちんと棺桶をつくって遺体を納め、土を被せて葬った、とあります。

古墳時代（3世紀後半〜7世紀頃）になれば権力者によって、巨大な墓が造られることになります。２０１９年7月、「**百舌鳥・古市古墳群**」がユネスコの世界遺産に登録されたことは、記憶に新しいです。

現在のような、仏教寺院が庶民の葬送を取り仕切り、お墓の管理をしだすのは江戸時代の初期（17世紀後半）からです。江戸幕府のキリシタン禁制に伴う「寺請制度」、いわば〝国民総仏教徒化政策〟によって、ムラ人はすべてムラの寺の檀家になり、境内に一族の墓を立て、葬送のすべてを菩提寺に任せたのです。

竿石と呼ばれる四角柱の墓石に戒名を彫った、現在のお墓とさほど変わらない意匠の墓ができるのもこの頃です。それ以前は河原などで拾ってきた丸い石を墓石に使っていました。

地方に旅行に行ったり、ふるさとの菩提寺を訪れたりする機会のある人はぜひ、墓地を歩き回ってください。きっと、江戸時代の古いお墓を見つけることができるでしょう。

近年はツルツルと輝く御影石でできたお墓が一般的です。石工が手作業で加工していた戦前までは、柔らかい砂岩が多かったようです。砂岩でできた古い墓は、表面がザラザラとしていて、一部、表面が剥離しているようなものもあります。死者に敬意を払いつつ、墓地管理者の許可を得た上で、ぜひ、立てられた当時の元号をチェックしてみましょう。

地域によっては、それはそれは豪壮なお墓もあります。一族がお墓を大事にして、守

江戸時代の墓（奄美地方）

り続けてきた証拠です。私は奄美大島に赴いた時、ある集落の墓地で故人の像を彫刻した江戸時代の墓を見つけました。よくも機械彫りの技術がない時代に手彫りで彫り上げたものだと、石工の気迫と芸術性に感心したものです。
江戸時代が終わって明治維新を迎えると、信教の自由令によって檀家制度は公的に解体されます。しかし、一般習俗として長男がイエとお墓を継承していく仕組みは続いていきます。それは戦後も受け継がれていきました。
しかし、昨今の都市への人口の流出、それに伴う核家族化、少子高齢化などの社会構造の変化が、葬送に大きな影響を与えてきています。そして、遠く離れた故郷にある菩提寺のお墓の管理ができなくなっているのです。

ここであえて言っておきたいことは、死者の弔いは人類だけの特別な行為だということです。死んでもなお、その人を思い続ける――。他者に対する、究極の慈愛の形が弔いなのです。そういう意味ではお墓参りは、「人間が人間であることの証明」ということもできるかもしれません。
しかし、地縁や血縁がバラバラになり、老後コストの意識も働き、お墓の維持が難しくなってきています。

事実、「お墓を守るのは子孫の義務だと思うか」（冠婚葬祭総合研究所『葬祭等に関する意識調査調査結果報告書』、2016年）というアンケートを見れば顕著です。とくに団塊世代（1947〜1949年生まれ）では、**「そう思う」「ややそう思う」と肯定的に回答した割合は53％に過ぎません。およそ半分の割合で「お墓は守らなくてもいい」と考えているのです。**

実は、「墓好き」の日本人

しかし、先に紹介したように日本人は、歴史的にもきちんと先祖を弔ってきた民族です。本心で、死者をないがしろにしたいわけではないと、私は確信しています。

なぜ、そう言えるのか。私は現在、東京農業大学で非常勤講師として宗教学を教えています。そこで毎年、お墓参りに関するアンケートを取っています。

少しご紹介したいと思います。次のグラフをご覧ください。

① 墓参りをどのくらいの頻度でするか

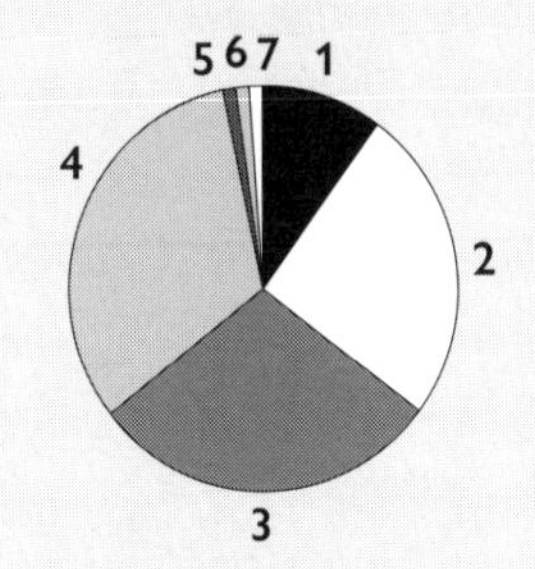

1 1ヶ月に1回 ＿＿＿＿ **10**%
2 3ヶ月に1回 ＿＿＿＿ **25**%
3 半年に1回 ＿＿＿＿ **29**%
4 1年に1回 ＿＿＿＿ **33**%
5 2年に1回 ＿＿＿＿ **1**%
6 3年に1回 ＿＿＿＿ **1**%
7 行かない ＿＿＿＿ **1**%

② 墓は必要だと思うか

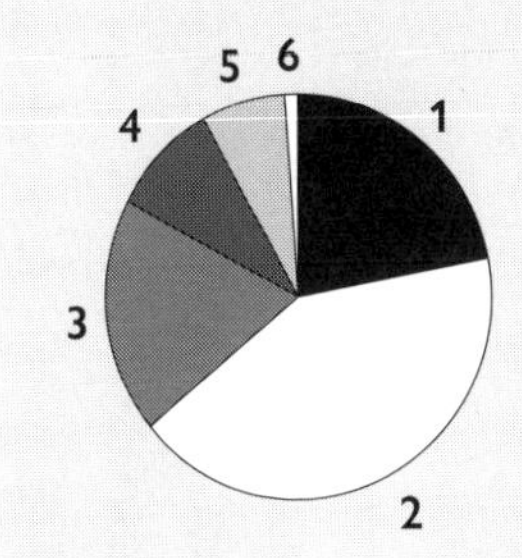

1 絶対に必要 ＿＿＿＿ **22**%
2 必要 ＿＿＿＿ **42**%
3 どちらかといえば必要 ＿ **19**%
4 どちらでもいい ＿＿＿＿ **9**%
5 なくていい ＿＿＿＿ **7**%
6 必要ない ＿＿＿＿ **1**%

③ あなたはどんな墓に埋葬されたいか

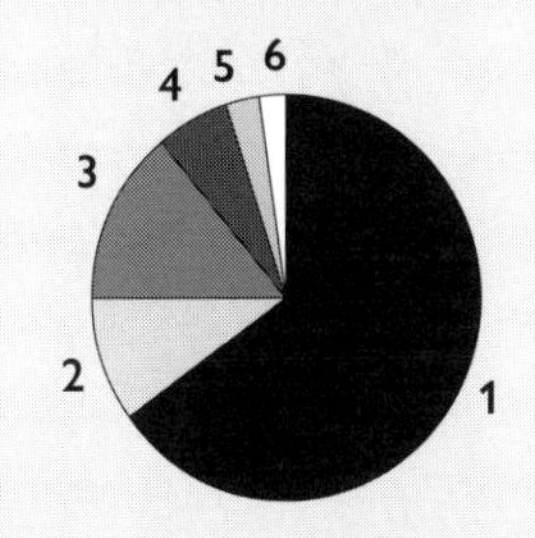

1 親や祖父母と同じ墓 ＿ **65**%
2 自分だけの墓 ＿＿＿＿ **10**%
3 海での散骨を希望 ＿＿ **14**%
4 山野での散骨を希望 ＿＿ **6**%
5 納骨堂 ＿＿＿＿ **3**%
6 墓は要らない ＿＿＿＿ **2**%

④ あなたは一族の墓をいつまで守っていくか

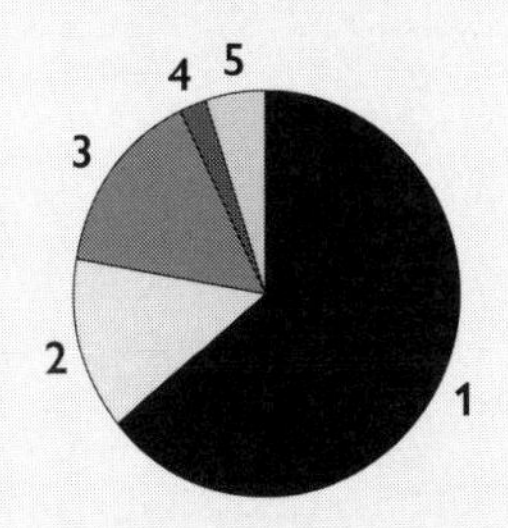

1 ずっと守っていく ＿＿＿ **64**%
2 祖父母の代まで ＿＿＿ **14**%
3 親の代まで ＿＿＿＿ **15**%
4 早く墓を処分したい ＿＿ **2**%
5 守るべき墓がない ＿＿＿ **5**%

②「墓は必要だと思うか」は肯定率83％、**④「あなたは一族の墓をいつまで守っていくか」**は、「ずっと守っていく」と回答した割合が64％です。この結果によれば、お墓に対する護持意識は、団塊世代よりも、20歳前後の大学生のほうがはるかに高い。きっと、墓じまいをしようとしている大人たちも、若い時は弔いの意識が高かったのでしょう。

つまり、**人間のピュアな感覚としては、「故人は大切にしなければならない」「きちんとお墓参りをしたい」**と思っているのです。

ところが、就職して社会性が身についてくると、経済的なことなどを優先してしまいがちになります。そして、先祖供養はつい後回しになっていくということかもしれません。

とくに共同墓地に入れば、雑草が生えたお墓もあれば、清掃が行き届いたお墓もあります。常に花がお供えしてあるようなお墓を見ると、故人が家族からいかに愛されていたかがよくわかります。

ひとつ言えることは、私の寺の檀家さんでも、**お墓参りを熱心にされる方に共通するのは、家族関係がおおむね良好**だということです。

鹿児島県の犯罪率が低い意外な理由

また、こんな参考データもあります。

鹿児島県は1人あたりの生花の消費量が国内一多く、日常的にお墓参りすることで知られています。ですから、共同墓地を訪れると、いつでもどの墓にも鮮やかな花が供えてあります。墓の周りも奇麗に掃き清められています。鹿児島県人は、供養に篤い県民性なのです。

次に刑法犯（殺人、強盗、強姦、暴行、傷害、放火、窃盗など）の犯罪発生率（人口100人に対する発生率）を見てみましょう。すると、鹿児島県は全国47都道府県の中で41位（0・75％）とかなり低位です。ちなみに上位は、1位大阪府（2・06％）、2位愛知県（1・97％）、3位福岡県（1・70％）です。

お墓参りを通じて、**ご先祖様に「見られている」意識が人々の心に根付き、日々の行動抑制につながっている**と考えるのは飛躍が過ぎるでしょうか。

さて何十年、ともすれば何百年も受け継がれてきているのがお墓です。墓前で手を合わせ、読経をするなどして故人の供養をし、あるいは故人に対して日々の報告をする人もいるでしょう。

一概に墓参りといっても、様々です。

納骨は死後、四十九日（満中陰）をもって行う場合が多いですから、墓参りは満中陰以降となります。その後、百か日、一周忌、三回忌、七回忌、十三回忌、十七回忌、二十三回忌、二十七回忌、三十三回忌、五十回忌の法要があり、墓前での供養もします。地域によっては百回忌をするところもあります。

また、その他に毎年のお盆やお彼岸、あるいは年末年始に墓参りをする人は多いです。宗派によって解釈が若干異なりますが、お盆は死者の魂がこの世へと戻ってくるタイミングであり、お墓参りするには絶好の機会と言えます（お盆やお彼岸については後述します）。

ここでは今を生きている人、とくにビジネスパーソンにとってお墓参りがいかに大切かという観点で話を進めたいと思います。

お墓参りで「心のデトックス」を

企業に長年勤めていると、人間関係のトラブルはつきものです。私自身も大なり小なり、職場のトラブルは抱えていましたし、同僚や後輩から、職場の悩みを今でも受けることがあります。

「上司からパワハラやセクハラを受けて許せない」
「理不尽な異動命令を受けた」
「イエスマンばかりが評価される企業体質に我慢がならない」
「あいつが出世しているのは上司と愛人関係だからだ」――

組織の中の不平や不満、憎悪、嫉妬が、渦巻いています。とくに最近多い相談は、働き方改革に関する相談です。

残業はなくせ、休暇は取れと言う一方で、成果を上げろと言う。結局、自宅に仕事を持ち込むしかない。

みんな心も体も疲弊し切っています。自我を殺して、理不尽に対して我慢を続けた挙げ句に、心の病を患い、ひそかに心療内科に通う人も少なくありません。思いやりの精神で組織が満たされれば、そんなことは起きないのでしょうが、現実的には組織は冷たいものです。

そこで現代人には、**「心のデトックス（解毒作用）」**が必要となってきます。

気分が晴れるような趣味やスポーツを持っている人は、そこで心身をリフレッシュしていただきたいと思います。しかし、趣味もないし、時間やカネをかけたくないという人には、ぜひともお墓参りを習慣にしてほしいのです。

お墓参りの形式は自由です。お墓を洗い清め、線香とろうそくを灯し、数珠をかけて手を合わせる。心の中で故人と対話をしてもよし、無心に手を合わせてもよし。

経本があれば、短いお経（念仏や般若心経など）を唱えていただきたい。不思議と、心が落ち着いてゆくことでしょう。

お墓が遠くにある人は、居住地の近くのお寺や神社で、遠く離れた故郷を思い浮かべながら、手を合わせるという行為も同様の効果があります。あるいは日常的に仏壇や遺影に手を合わせる行為も、「心のデトックス」には極めて効果的です。

２０１６年1月29日付『産経新聞』は、『「仏壇」が子供の情操に好影響　保有率低下の一方注目される効能』との見出しで報じています。

《仏壇参りと子供たちの「優しさ」の関係性を調査した面白いデータがある。線香や香の老舗である「日本香堂」（東京都）は昨年、〝尾木ママ〟こと教育評論家の尾木直樹さんの指導・監修で「子ども達の『供養経験』と『やさしさ』の関係性」を調査した。

12歳から18歳の男女約１２００人を、仏壇参りを「毎回」「時々」「しない」の３つのグループに分けて、他者への優しさに対する比較を行ったところ、明確な差が見られた。

例えば、「誰かが悩みを話すとき『そんなこと知らない』とは思わない」とい

お墓参りの流れ

1 お墓の掃除

まずは墓前で合掌。枯葉などのお墓の周りのゴミを拾い、墓石が汚れていれば水をかけながらスポンジやたわしなどで軽くこする。掃除が終わったら、手桶に水を汲み、柄杓（ひしゃく）で墓石に打ち水をして清める。

2 供花・供物

花立にお花を、水鉢（墓石中央のくぼみ部分）に水を入れ、お供え物を置く。

3 線香をあげ、合掌

ろうそくと線香に火を灯したら、数珠をかけて合掌。もし、菩提寺の宗派の経本を持参していれば、「お経」を唱えてみるのもよい。

※どのお経がよいかは、菩提寺の住職に聞いてみてください。多くの宗派では般若心経を唱えますが、浄土真宗のように般若心経を唱えない宗派もあります。

4 お墓の片付け

お供え物は持ち帰り、線香はそのまま燃やし切る。お花はそのままにしておいて構わないが、古いお花や塔婆（とうば）（経文や故人の戒名が書かれた細長い板）は片付けること。

※霊園の規定に従ってください。

最低でもこれだけは知っておきたい!

“お墓参り”のマナー

最近はお墓参りの習慣が薄らいでいることもあり、その作法や流れを知らない、知っておきたいと考える人も多いのではないでしょうか。しかし、気負う必要はありません。“最低限のマナー”をまとめたので参考にしてみてください。

服装

とくに服装に決まりはない。
ただし、華美になりすぎず、常識的な恰好を心がける。

持ち物

□生花
□線香
□ろうそく
□マッチかライター
□お供え用のお菓子や飲み物
□半紙(お供え物を置くため)
□数珠
□花ばさみ
□ゴミ袋

など

う子供は「毎回」のグループでは56・6％なのに対して、「しない」のグループでは43・9％しかいなかった。「誰かが困っているとき、その人のためにそばにいたい」とする子供が「毎回」では45・6％いたのに対し、「しない」では33・2％と10ポイント以上もの差が開いた》

調査は10代の子供が対象ですが、社会人にもきっと当てはまることでしょう。他者への思いやり、慈愛のこころを育むお墓参りや仏壇参りをぜひとも実践していただきたいと思います。

後悔の念を吹き飛ばす懺悔（さんげ）の力

次に、誰にも相談できないような「取り返しのつかない過ち」を抱え、苦しんでいる人へ、その解決策としてのお墓参りを提案したいと思います。

いくつか、ケースを挙げてみましょう。

気の合わない同期がいた。出世競争に勝ちたいがために、あらぬうわさ話を流し、同期を追い落とし、退社に追い込んでしまった。彼はその後、派遣社員を続けていたが体調を崩し、生活保護を受けていたが、亡くなってしまった。私のあの時の振る舞いがなければ、彼はきっと違った人生になったに違いない。詫びたくても、彼はもうこの世にいない。

社内で妻のいる上司を好きになってしまった。その上司は私との不倫が元で妻と別れたが、その妻は自殺をしてしまった。取り返しのつかないことをしてしまったと後悔してもし切れない。

家庭を顧みず、仕事に没頭して30年。家庭環境は荒れ、親の死に目にも会えなかった。退職を前に、こんな人生で良かったのかと後悔を始めた。

いずれも極端な事例と思われるかもしれません。しかし、いつ何時(なんどき)、あなたがこのような当事者にならないとも限りません。

これらは、誰かに相談したくてもできない内容です。間接的であっても、相手を死なせてしまった。謝りたくてもその人はこの世にいない。もうどうしようもないことのようにも思えます。あなたは死ぬまで、悩み続けるしかないのでしょうか。

いや、あなたが救われる方法が、ひとつだけあります。

それは、**死なせてしまった相手の墓に手を合わせ、罪を告白し、許しを乞うて、供養することです。仏教でこのことを懺悔**といいます。読み方は「ざんげ」ではなく、「さんげ」です。

『涅槃経』では、「**もし懺悔して慚愧(ざんき)を懐かば、罪すなわち除滅す**」と説かれています。「自分や他者に対して罪を認めて恥を知り、二度と同じ過ちを繰り返さず、悔い改めれば罪は消滅する」のです。

人は生きていれば誰しも、大小の罪を犯してしまうもの。大きな罪であればあるほど、時間をかけて深く懺悔する必要がありますが、いつしか罪は消滅します。上記のようなケースでも、心から墓前で謝罪を続けていけば、少しずつ心のつっかえが溶解していくことでしょう。お墓参りには計り知れない力があるのです。

お墓は故郷そのもの

さて、お墓参りとは何か。

私がお墓参りの本質を学んだ、ある場所での風景を最後に紹介したいと思います。そこは目下、日露間で領土問題に揺れている北方領土です。

私は近年に3度、ビザなし交流事業で北方領土を訪れています（択捉（えとろふ）島、国後（くなしり）島、色丹（しこたん）島）。ビザなし交流とはパスポートとビザを持たずに現地を訪問し、現地のロシア人と交流する事業のことです。領土紛争を抱えている日露間の主権を害することがないように考えられた特別の枠組みです。

このビザなし交流において、とても大事な時間がお墓参りです。

北方領土へのお墓参りは１９６４年から続けられ、元島民にとっては故郷を再訪できる極めて大切な行事になっています。これは、北方領土に残された先祖代々の墓に手を合わせたいという元島民の願いを、人道的立場に沿って旧ソ連が受け入れたものです。

私も参加したビザなし訪問のお墓参りでは、故郷のムラの跡を訪れます。しかし、そこにはかつての日本人集落の面影はまったくありません。ロシア人が暮らす集落は、ペンキでカラフルに塗られた建物が並び、異国情緒が漂っています。

しかし、ロシアに実効支配されている地とはいえ、「和の存在感」を示しているのが日本人の墓です。

墓石には没年や戒名などが漢字で刻まれていますから。墓石は、いくらロシアが、自国領であることを主張しようとも、そこがかつては日本固有の領土であったことを、国際的にも証明しているのです。

お墓参りでは下草刈りをし、線香に火をつけ、「故郷」の歌を歌い、お経をあげます。そこで、ご先祖さまの御霊が、しっかりと故郷に存在し続けていることを確認するのです。

そこで私は、「お墓は故郷そのものである」ということに気づかされたのです。

Break time...

さだまさし氏が歌い継ぐ懺悔

懺悔をテーマにした歌があります。歌手のさだまさしさんが、実話をもとにして作詞作曲した『償い』（1982年）です。

主人公は「ゆうちゃん」。ゆうちゃん（男）はある時、交通事故を起こしてある男性を死なせてしまいます。

亡くなった男性の奥さんは、土下座して謝罪するゆうちゃんに対し、「人殺し」「あなたを許さない」と罵ります。

それからゆうちゃんは、人が変わったように働き始めました。彼は月末になれば給料袋を片手に、郵便局へ走っていきます。彼の友人は、貯金が趣味のしみったれたやつだと、あざ笑うのです。

ゆうちゃんは、わずかな稼ぎの中から、毎月、奥さんに送金をしていたのです。そうして7年が経過。奥さんからゆうちゃんの元に初めて手紙が届けられます。

そこには、こう書かれていました。

「ありがとう。あなたの優しい気持ちはとてもよくわかりました。だからどうぞ送金はやめてください。あなたの文字を見る度に主人を思い出して辛いのです。あなたの気持ちはわかるけどそれよりどうかもうあなたご自身の人生をもとに戻してあげてほしい」

ゆうちゃんの友人は、「神様」と思わず叫んだと、『償い』では綴られています。

ゆうちゃんの友人が仏教徒だったかキリスト教徒だったかはさておき、過ちを悔いて謝罪を続ければ、いつかは救われることを示した事例です。ちなみに、さだまさしさんは、知人の女性が交通事故で夫を亡くし、その後の話を聞いて曲にしたということです。

そういう意味でも、お墓参りは懺悔するのに最もふさわしい場所です。ささやかな罪であれば、お墓の前で懺悔すれば、きっと清々しい気持ちで今日を送れることでしょう。

『償い』
作：さだまさし、絵：おぐらひろかず
サンマーク出版／２００３年

Study 4

遺骨を残すべきか

散骨の是非

さて近年は、**海洋散骨**が増えてきています。海洋散骨とは船をチャーターして近海に遺骨を撒く(ま)サービスのことです。

現在、海洋散骨を選ぶ遺族は全体の1%程度と言われています。海洋散骨は今後、ますます増加していきそうな勢いです。海洋散骨を選択する人の理由で、とくに多いのが、「子供や孫たちに迷惑をかけたくない」です。

墓を不要とする散骨を希望すれば、「迷惑（コスト）をかけずに済む」と思っているのです。**団塊世代の散骨肯定派は28%に及びます。**ポスト団塊世代以降は、より散骨を望む割合が高くなり、**現在の企業幹部の世代（46〜55歳）では34%が散骨を肯定して**います（冠婚葬祭総合研究所調べ、2016年）。

海洋散骨
散骨場所は東京湾内をはじめディズニーランド沖、瀬戸内海など様々。NPO法人「葬送の自由をすすめる会」が1991年に静岡県の相模灘で実施したのが日本では最初と言われている。

しかし、海洋散骨の場合、遺骨を全部海に撒いてしまえば、手を合わせる対象がなくなってしまいます。残された遺族が、その後、心の拠りどころをなくし、**「遺骨ロス」**になってしまうことも指摘されています。

葬祭コンサル業を営む知人のFさんがこんなことを明かしてくれました。

Fさんはある時、海外の海での散骨に立ち会うことがあったといいます。それは、悲しい死別でした。ある女性が重い病気を患い、夫に一通の遺書を残して40代の若さで旅立ってしまいました。

遺書には、「ニュージーランドの、クジラがいるサンゴ礁の海に骨を撒いてほしい」と綴られていました。

夫は妻を荼毘に付した後、妻の遺志を忠実に守ろうとして、海外での海洋散骨を手がけていたFさんに相談。Fさんも現地に同行し、サンゴ礁に妻の骨を流しました。夫は、妻の遺志を叶えてあげられたと、ホッとした表情を浮かべていたといいます。

しかし、陸に上がってからのことです。現地のお墓を視察する機会があり、バラ園の中にあるお墓が彼の目に留まりました。それは、見事なほどに美しいバラの霊園でした。その時、夫はハッと気づいたのです。

「こういう選択肢もあったのか。取り返しのつかないことをしてしまったかもしれない」

愛する妻が亡くなり、妻を思いながら手を合わせる対象が永遠になくなってしまうことへの後悔の念でした。

しかし、葬送の経験が豊かなFさんは、こうしたリスクを想定していました。そして、すっと小さな小箱を男性に差し出しました。

「こんなこともあろうかと思って、少しだけお骨を取っておきましたよ。このお骨はどうされますか？　一緒に海に流されますか、それとも……」

小箱を見た瞬間、夫は心底安堵した表情を浮かべ、残った遺骨をバラ園に埋葬したといいます。

生前からの話し合いが必須

私はある海洋散骨業者を取材したところ、**散骨希望者の7割以上が分骨にする**といる話を聞きました。親族の合意が取れずに、妥協案として一部は手元に残して散骨することが多いのが実態です。

イメージ先行型の散骨は、きちんと遺族で合意形成ができていないと、あるいは、故人の遺志を貫こうとすればするほど、覆水盆に返らない事態を招きかねません。

分骨にすれば故人と遺族の両方の理想を叶えることはできるかもしれませんが、二重コストとなってしまい、むしろ「子供や孫に迷惑をかける」という結果になってしまいかねません。

いずれにしても、生前から死や、葬式・埋葬などについて、憚ることなく、親戚や気の置けない仲間らと、しっかりと話し合っておくことが肝要です。

その上で最終的に海洋散骨を選択されるのであれば、それも良いでしょう。しかし、弔いに関する考え方は年を経るごとに変わっていくものです。手を合わせる場所がないことで、

「あの時、ちゃんと墓をつくっておくべきだった」

と後悔する人も少なくないことを、言い添えておこうと思います。

Study
5

お盆・お彼岸は死者とコミュニケーションする機会

なぜ8月15日がお盆なのか

お墓参りをする絶好のタイミングが夏のお盆です。

お盆の歴史は古く、『日本書紀』の606（推古天皇14）年に**「是年より初めて寺毎に、四月の八日、七月の十五日に設斎す」**との記述があることから、お盆の歴史はゆうに1400年以上もあるのです。

その後は貴族や、武士が戦死者の祟りを鎮める目的で広まり、江戸時代の檀家制度によって一般化します。

お盆の時期は地域よってひと月のズレがあります。関東のお盆は7月中旬ですが、地方都市では8月中旬が多いです。

これは明治になって太陽暦（新暦）が採用されたことによります。この時、新暦の7月15日にお盆が設定されました。しかし、この時期は農作業の繁忙期。地方都市ではお盆の行事が入ってしまうと農作業に支障が出るのでひと月遅れの8月15日にお盆をずらしたのです。

しかし、大都市圏の東京では、農作業とはあまり関係がないため、7月15日を採用したというわけです。

とくにお盆は、企業や学校の休みと重なる時期です。それはなぜかといえば、ご先祖さまとの再会を社会全体として大事にしてきたからに他なりません。

8月10日を過ぎれば、帰省客で高速道路は大渋滞し、新幹線の乗車率も軒並み100%を超えます。これは、ある意味、「お墓参り渋滞」とも言えるでしょう。

日本人は信仰心が薄いとも言われますが、お墓参りにこれだけ熱を入れる民族は日本人以外にあまりないでしょう。

先祖の霊をお迎えする「精霊馬」

五山の送り火？　大文字焼？

さてお盆には、精霊を迎えるにあたって盆棚を飾ります（13日頃）。キュウリとナスでつくった馬と牛を飾るのは、**「早くこの世に戻ってきてほしいので馬（キュウリ）、あの世にはゆっくりと戻ってほしいので牛（ナス）」**という俗説があります。

そして、13日の夕方には迎え火を焚きます。迎え火は農村では田んぼの畦や、お墓などで焚きますが、漁村では海岸で焚くこともあります。しかし、迎え火の風習はだんだんと少なくなってきました。

迎え火でご先祖さまを迎えた後は、菩提寺の和尚さんを自宅に呼んで仏壇の前で棚経をしてもらいます。また、同時にお墓参りもします。

そして16日にはあの世に戻ってもらうために、送り火をします。

私の住んでいる京都では毎年16日夜に、**「五山の送り火」**という仏教行事があります。5つの山に「大文字」（2山）「妙・法」「船形」「鳥居形」が灯されます。私の寺からは「鳥居形」がよく見えます。燃え盛る炎にのせ、ご先祖さまの魂は虚空へと舞い上がり、

京都五山の送り火「大文字」

あの世に戻っていかれるのです。この時、コップに入れた水に送り火の炎を映して飲めば、無病息災が約束されるとの言い伝えがあります。
京都を訪れる観光客はしばしば「大文字焼き」と呼びますが、京都人はこの表現を嫌がります。あくまでも此岸（この世）・彼岸（あの世）を橋渡しする意味での「送り火」であることにこだわるからです。
また、京都では送り火が見える立地のマンションなどは不動産価値が高くなる傾向にあります。これらのエピソードからは伝統的宗教行事を大事にする京都人の矜持(きょうじ)を窺(うかが)い知ることができそうです。
京都では墓参りと文化が融合し、なんとも深遠な世界が繰り広げられるのです。

お彼岸はこの世とあの世をつなぐ橋渡しの日

春秋のお彼岸も同様に、お墓参りする人は多いです。そもそも彼岸とは、西方の彼方にある極楽浄土を表します。つまり迷いのない、悟りの世界です。
彼岸に対するのが此岸。我々が今を生きる迷い（苦）の世界のことです。

お彼岸の中日は、3月の春分の日と9月の秋分の日。つまり、太陽が真東から昇って真西へと沈みます。

そのことから、お彼岸はこの世とあの世とをつなぐ橋渡しの日と考えられています。

太陽が真西に沈んでいくので、

「ああ、あの太陽の方向に大切な人がいる極楽浄土があるんだな」

と思いながら、手を合わせていただければ、故人と思いが通じるはずです。

Column

墓じまいの前にすべきこと

最後に、**「墓じまい」**について触れましょう。

墓じまいとは、遺骨を既存のお墓から新しい場所に移し、お墓を片付けて更地にし、墓地の管理者に返還する一連の行動のことです。この墓じまいの増加が今、社会現象にもなっています。今後、数十年間は多死社会が続くとされ、しばらくは、墓じまいの風潮は収まらないかもしれません。

しかし、

「永代供養納骨堂にすれば、コストがかからないだろう」

「電車の中吊りで納骨堂が安売りをしていたから」

「田舎に帰って墓参りすることが億劫になってきたから」

など、合理性を求めて墓じまいをすると、取り返しのつかない事態を招くことがあります。なぜなら、**墓は「モノ」ではなく、「心」そのもの**だからです。

元気なうちに墓じまい。そんなことも囁(ささや)かれる時代ですが、そもそも「元気なうち」に死後世界に思いを寄せることは難しいかもしれません。

とはいえ、本当に死を意識し始めた時、あるいは定年退職後や伴侶との死別・離別などを経験し、孤独を知った時、「故郷の原風景の中で、お墓に手を合わせたい」と考えるのは自然なことです。

過去から現在、そして未来へ。すべての時間軸は連続性を持っています。その連続性の中に、我々は生かされているのです。

映画作品

「阿弥陀堂だより」

監督：小泉堯史／2002年

都会の大病院に勤務し、精神的に疲れ果てた女医が、売れない作家の夫と無医村で静かな生活を始める。村には阿弥陀堂とそれを守る老婆がいた。女医は村で医師として診療を再開。彼女は美しい自然と素朴な村で次第に自分らしさを取り戻していく。日々の雑事に追われ、自我を見失った人にお薦めの作品。

「生きる」

監督：黒澤明／1952年

ガンに冒された市役所職員の男が主人公。一時は自暴自棄になって放蕩の日々を送るが、ある時、部下の女性からものづくりの楽しさを伝えられて、現場に復帰。男は人が変わったように懸命に仕事と向き合い、住民の要望であった公園を完成させる。ビジネスパーソンの目線で「生きる」意味を問いかけた不朽の名作。

「八日目の蝉」

監督：成島 出／2011年

人生の虚しさ、儚さをテーマにした本作は原作が角田光代氏。不倫相手の女児を衝動的に誘拐した女とその女児。逃亡先の小豆島で農村の仏教儀式「虫送り」に参加する。そこで撮られた写真が元で女と女児は引き裂かれてしまう。人間の業の深さや因果の法則を、美しい情景とともに展開させていく。

「お葬式」

監督：伊丹十三／1984年

ある日、妻の父親が死亡し、葬式の準備に追われることに。初めてだらけのことに戸惑う夫。突如愛人が出現するなどドタバタ劇が続くが、最後は見事に故人を送る。弔いを通じ、「人々の縁」を再認識させられる。葬送のしきたりを知らない都会人は、葬送リテラシーを高める意味でも必見。

仏教の理解が深まる 書籍作品

『風立ちぬ』（新潮文庫など）
堀 辰雄

作者の堀自身が経験した、婚約者との死別を描いた作品。ある男と、結核に冒された婚約者が高原の療養所で共同生活を送る。ふたりは迫り来る「死」を受け入れ、「いかに生きるか」を問いかける。万人が避けられない「愛別離苦」。それでも残された人は強く生きなければいけない人間の運命を見事に描く。

『豊饒の海』（全4巻、新潮文庫）
三島由紀夫

「輪廻」「縁起」「唯識（ゆいしき）」といった仏教の根本原理が全編にわたって貫かれた、三島由紀夫の代表作にして絶筆。各巻に輪廻を繰り返す主人公を、「本多」という若者が見届ける。「何が生死に輪廻し、あるいは浄土に往生するのか」（本文より）。「死後」への問いかけを通じて、人間の存在価値に迫る。

『冷たい夏、熱い夏』（新潮文庫）
吉村 昭

愛する弟が末期ガンに冒された。兄（筆者）は、自身の死生観に基づき、本人に告知しないことを決意。そして闘病中の1年間、弟を「欺き」続ける。現役世代の目線で描かれているため、現代を生きるビジネスパーソンの心には鮮烈に突き刺さる。仏教が説く生病死の、「苦の現実」をひしひしと感じる作品。

『人間にとって寿命とはなにか』（角川新書）
本川達雄

ベストセラー『ゾウの時間 ネズミの時間』で知られる生物学者による「寿命論」。筆者によれば、人間は生物学的には41歳が寿命だという。退職後は「おまけの人生」。したがって「私」の幸せを追求するのではなく、次世代のために時間を費やすべきだと説諭する。「利他」の精神を科学的な視座で論じる。

『出家的人生のすすめ』（集英社新書）
佐々木 閑

古代インドの出家者の集団「サンガ」を題材に、出家の考えは現代の一般社会の様々な職業でも生かせることを解き明かす。会社内でいかに出家的生活を送るか。企業の自浄作用をどう働かせるか、など。2500年前の仏教サンガのあり方は色褪せることなく、現代社会にそのまま通用することを教えてくれる。

『100万回生きたねこ』（講談社）
佐野洋子

誰もが幼い頃に手にしたロングセラー絵本。「傲慢で死なないねこ」が1匹の美しいメスねこと出会う。そこで初めて芽生えた「慈愛の心」。しかし、それと引き換えに、ねこは「死」を受け入れざるを得なくなる。「死とは何か」という究極の命題について、これほど平易にかつ、本質に迫った作品は他にない。

巻末付録❷

仏教とアート

日本には、仏教の影響を受けた美術作品が豊富に存在します。ここでは、一度は見ておきたい絵画と鑑賞のポイントをお伝えします。

慧可断臂図
雪舟

洞窟の中で、座禅を組んで背を向ける中国・禅の始祖、達磨。慧可は長年、達磨に弟子入りを懇願し続けるが許可が出ない。そこで変わらぬ意志を示すため、切り落とした自身の腕を差し出す——。特徴的な達磨の太い輪郭は、求道の厳しさを表現している。

仏教の心

欲望に流されることなく、己に厳しく、正しく生きよ

無我
横山大観

仏教の心

素直な心で世の中を見てみよう

無気力の童子がダボダボの服を着て立ちすくんでいる不思議な構図だ。仏教は、あらゆる執着から離れることで苦から解き放たれることを説くが、大観はその真理をひとりの童子で表現した。禅に影響を受けた大観29歳の時の出世作。全3作（本作は東京国立博物館、ほかは足立美術館と水野美術館）ある「無我」のうちのひとつ。

地獄極楽図
川鍋暁斎

人は死後四十九日目に閻魔大王の審判を受けるとされる。行いが悪ければ地獄に堕ちることもある。そこはありとあらゆる責め苦が続く阿鼻叫喚の世界である。一方で、画面の左上で地蔵菩薩がすくい取ってくれる場面も描かれている。狩野派の流れを受けた暁斎の最高傑作。

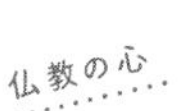

仏教の心

地獄に堕ちないように……

仏教の心

毎日、同じことの繰り返しでも、それを修行ととらえ、誠実に緻密にやることが大事。最後にきっと花ひらく

伊藤若冲（じゃくちゅう）
樹花鳥獣図屏風

若冲は京都で活躍した江戸時代の絵師。

１００匹以上の動物が六曲一双の屏風の中に描かれている。白象は仏典の中に出てくる。すなわち、極楽浄土を表現したものと考えられる。最大の特長は「枡目描き」と呼ばれる超絶技法。静岡県立美術館ＨＰでは「11万６０００を超える方眼が確認できた」とあり、絵師はあたかも写経をするように、1マス1マス、埋めていったと推察できる。

仏教の心

目の前のささいなことにとらわれず、広い視野を持ちなさい

出光美術館蔵

仙厓（せんがい）
指月布袋画賛（しげつほていがさん）

仙厓は江戸時代後期の禅僧。「を月様幾つ　十三七ツ」と江戸の子守唄が添えられている。布袋さんが子供を連れて、月見をしているところ。しかし、肝心の「月」が描かれていない。「想像力を働かせよ」「月は心で見よ」と教えられているよう。

この書画を手に入れた出光（いでみつ）興産の創業者出光佐三（さぞう）は、社員への訓示で「月を指している布袋を見る時、指ではなく月を見よ。指は枝葉末節、月は大局」と教えた。

白隠（はくいん）
布袋すたすた坊主図

白隠は18世紀の禅僧。禅の教えを広めるために多くの書画（禅画）を描いた。モチーフは物乞いの乞食坊主（布袋）。白隠自身、立身出世を望まず、沼津の寺の住職として民衆に寄り添い教化につとめた。いかなる身分だろうと善行につとめて、常に生活を律し、日々を大切に生きなさいという教訓が描かれている。

仏教の心

人は裸になればみんな同じ。
贅沢を慎み、いつも笑顔でいなさい

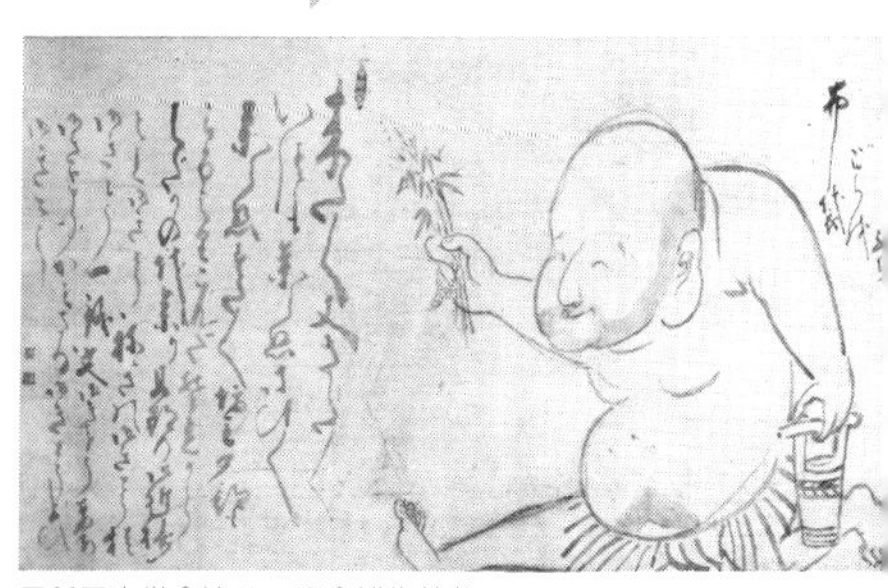

早稲田大学會津八一記念博物館蔵

髙島野十郎（たかしまやじゅうろう）
蠟燭（ろうそく）

「蠟燭」「月」「太陽」など、光と影を表現し続けた大正期の画家。青年時代より、仏教に傾倒。

いずれの作品も深い精神性を感じることができる。密教にとって炎は「（煩悩などの）浄化」を意味する。また、ろうそくは次第に短くなっていく「儚い命」を表現しているとも言われる。

仏教の心

人生はろうそくのように儚く短いもの。
今を輝かせるよう、努力しなさい

福岡県立美術館蔵

速水御舟（はやみぎょしゅう）
炎舞（えんぶ）

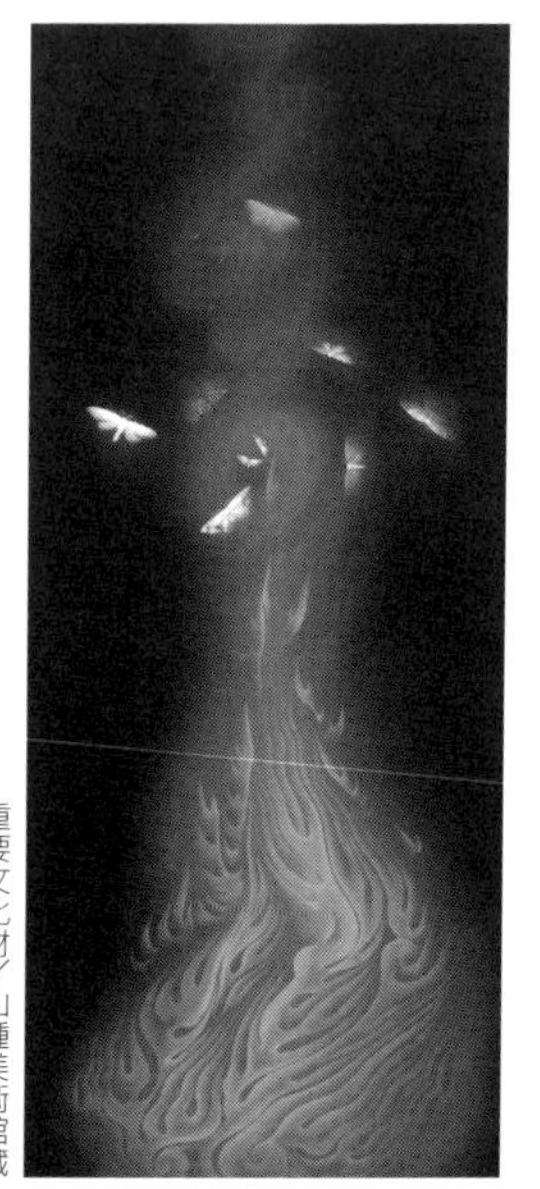

重要文化財／山種美術館蔵

速水御舟は昭和初期に活躍した日本画家。本作は炎に惹きつけられて舞い、焼かれる蛾の姿を描く。炎の表現法は仏画を参考にしたとも。命の儚さと無常観を表現している。

ある時、外出から戻ってきた家人が自宅に掛けてあったこの作品を見て、火事だと勘違いして騒ぎに。昭和天皇が見た時、一言「蛾の目が生きているね」。

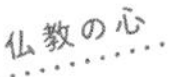

仏教の心

この世の万物は常に移ろい、変化していく。
「永久不滅」は存在しない

仏教の教え

本書のまとめ

ここで述べられていることは、日々忙(せわ)しなく働いていると
ついないがしろになってしまうことばかりです。
毎日意識づけるようにしましょう。

一、足るを知り、与えられた境遇に感謝する

二、職場の人間関係や家族、すべての関係性の中に
生かされていることを自覚する

三、「原因があり結果がある」。
不祥事の原因を見つめ、正す習慣をつける

四、「感謝」と「懺悔(さんげ)」を習慣にして、
謙虚に生きる

五、人を陥れるべからず。
ハラスメントを避けるために正しい言葉遣いを

六、世は「無常」であり、組織や地位、家族など
永久不滅のものはないことを認識する

七、人生を豊かに生きるために、
8つの正しい行い（八正道）を心がける

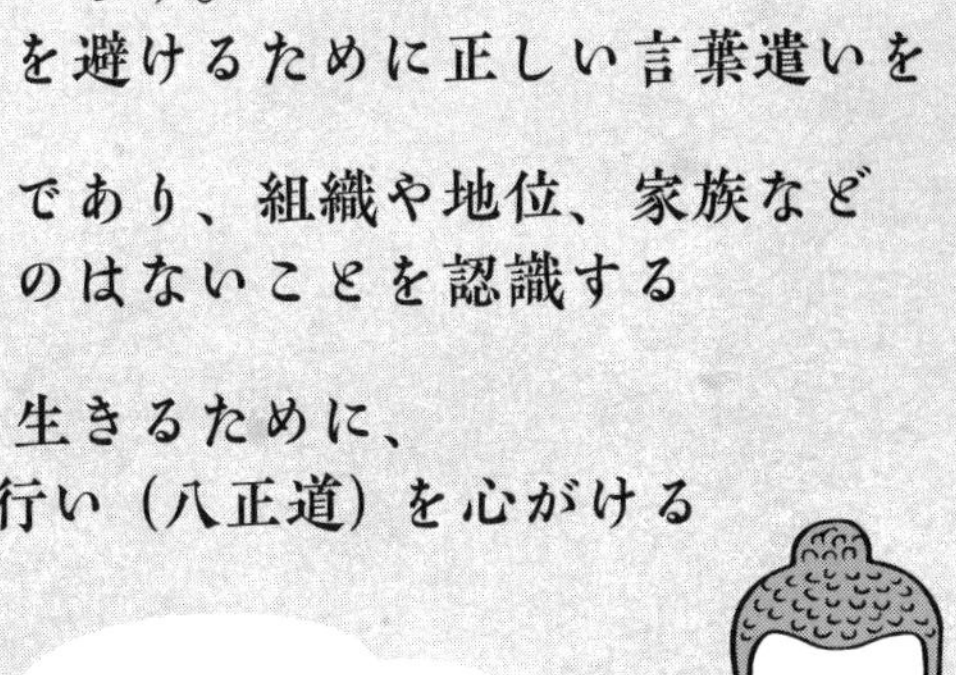

おわりに

Epilogue

戦後74年、日本は経済的にはめざましい発展を遂げてきました。日本で普通に暮らしていて、明日の食事がままならない、なんてことはあまりないでしょう。世界から尊敬される経済大国日本です。が、しかし、精神的にも成熟した社会だと言えるかどうか。

参考までに、国連の持続可能な開発ソリューションネットワークが発行する世界幸福度を調査したレポート（２０１９）を紹介しましょう。

本報告では「ＧＤＰ」「平均余命」「社会的支援」のほかに「寛容さ」「信頼する気持ちの大きさ、裏切りの少なさ、腐敗の少なさ」「人生選択の自由度」などの項目について、調査しています。日本は、１５６か国・地域中、58位。経済面では優れているけれど、社会全体がギスギスしているということになるでしょうか。

組織に目を転じると確かに、多くの「矛盾」を抱えています。

上司と部下との板挟みで苦しむ中間管理職。パワハラやセクハラを受けているが会社を辞められない人。四半期決算によって数字に縛られた会社員人生がキツくなってきた人。リタイア後の人生設計に不安を抱いている50代――。彼らの心の受け皿は、いったいどこにあるのでしょうか。

ストレスを抱えた状態の社員が多くいる企業ではいつ何時、不祥事が起きるとも限りません。数万人の従業員を抱える大企業とて、一瞬に転落する可能性を秘めています。SNSなど情報網が社会の隅々にまで広がっている時代、ひとりの社員の不正によって、企業の信頼は地に落ちてしまいます。

まさに、「無常迅速」の状態が今の日本なのです。

そこで、現代を生きるビジネスパーソンに必要なのは「真理に基づく、精神的な拠りどころ」なのかもしれません。どう働くべきか、どう生きるべきか、どう死んでいくべきか。ぜひ、仏教の真理に触れていただきたいと思います。そこには、実に科学的なものの見方が指し示されています。

「はじめに」で述べた通り、本書では仏典より用語を抽出し、現代のビジネスシーンに置き換え、図表を交えてわかりやすく「再翻訳」を試みました。なかには、「拡大解釈」だと思われるケースがあるかもしれませんが、あくまでも筆者の独自の視点ということでお許しいただければ幸いです。

ひとりでも多くのビジネスパーソンが仏教真理と出会い、自己を見つめ直し、明日をポジティブに生きるきっかけになってもらうことを願ってやみません。

最後になりましたが、本書の発案から、構成の練り上げ、そして拙稿への的確なアドバイスをいただいたＰＨＰ研究所の大隅元副編集長には心からの御礼を申し上げたいと思います。

２０１９年12月吉日

京都・嵯峨 正覚寺にて　鵜飼秀徳

主な参考文献

●藤本晃『お布施ってなに？　経典に学ぶお布施の話』（国書刊行会、２００７年）
●大法輪閣編集部編『仏教名句・名言集』（大法輪閣、２００６年）
●田上太秀監修『もう一度学びたいブッダの教え』（西東社、２００６年）
●植西聰『ヘタな人生論より仏教の救われるひと言』（河出文庫、２０１２年）
●武山廣道『くり返し読みたい高僧の名言』（星雲社、２０１８年）
●辻本敬順『くらしの仏教語豆事典（上・下）』（本願寺出版社、２００８年）
●佐々木閑・宮崎哲弥『ごまかさない仏教　仏・法・僧から問い直す』（新潮選書、２０１７年）
●佐々木閑『出家的人生のすすめ』（集英社新書、２０１５年）
●一般社団法人日本石材産業協会『お墓の教科書』（日本石材産業協会、２０１４年）
●『日経おとなのＯＦＦ　２００６年11月号』（日経ＢＰ）
●『日経おとなのＯＦＦ　２００７年11月号』（日経ＢＰ）
●鵜飼秀徳『寺院消滅　失われる「地方」と「宗教」』（日経ＢＰ、２０１５年）
●鵜飼秀徳『無葬社会　彷徨う遺体 変わる仏教』（日経ＢＰ、２０１６年）
●鵜飼秀徳『ペットと葬式　日本人の供養心をさぐる』（朝日新書、２０１８年）
●『世界三大宗教の教科書』（洋泉社ＭＯＯＫ、２０１５年）
●アルボムッレ・スマナサーラ『原訳「法句経」一日一話』（佼成出版社、２００３年）
●高瀬広居『法句経からのメッセージ』（グラフ社、２００２年）
●中村元訳『ブッダの真理のことば　感興のことば』（岩波文庫、１９７８年）
●片山一良『「ダンマパダ」をよむ　ブッダの教え「今ここに」』（サンガ、２０１３年）
●宮澤大三郎『原始佛典　全訳「法句経」』（ブックウェイ、２０１７年）
●長南瑞生『生きる意味１０９　後悔のない人生のための世界の偉人、天才、普通人からのメッセージ』（1万年堂出版、２０１４年）
●村山昇『３６０度の視点で仕事を考える　働き方の哲学』（ディスカヴァー・トゥエンティワン、２０１８年）
●浄土宗大辞典編纂委員会編『新纂浄土宗大辞典』（浄土宗出版、２０１９年）

写真出典

P20, P36, P43 (Imaginechina／時事), P47, P49, P51, P82（ＡＦＰ＝時事）, P85, P86, P96, P104, P125, P141 (GRANGER／時事), P151（ＡＦＰ＝時事）, P187, P199, P227
〈上記すべて時事通信社〉, その他著者提供
P16-17, P33, P74-75, P128-129, P215〈上記全てGetty Images〉, P154 : leemage, P178-179 : amanaimages

鵜飼秀徳 Ukai Hidenori

1974年、京都・嵯峨の正覚寺（浄土宗）に生まれる。大学在学中に浄土宗教師（僧侶）の資格を得るため、入行。1996年、伝宗伝戒道場を成満。現在、正覚寺副住職。

成城大学卒業後、新聞記者を経て、日経BP社に移籍。『日経ビジネス』記者、『日経おとなのOFF』副編集長などを歴任。取材のフィールドは事件・政治・経済・文化・宗教と多岐に渡る。2018年に独立し、京都の自坊に戻るとともにフリージャーナリストに。「仏教界と社会との接点づくり」をテーマに活動を続ける。佛教大学・東京農業大学非常勤講師、浄土宗総合研究所嘱託研究員、一般社団法人「良いお寺研究会」代表理事。著書に『寺院消滅』『無葬社会』（いずれも日経BP社）、『「霊魂」を探して』（KADOKAWA）、『ペットと葬式』（朝日新書）、『仏教抹殺』（文春新書）など。

ビジネスに活かす 教養としての仏教

2020年1月14日 第1版第1刷発行
2020年2月12日 第1版第2刷発行

著者 鵜飼秀徳
発行者 後藤淳一
発行所 株式会社PHP研究所
東京本部 〒135-8137 江東区豊洲5-6-52
第二制作部ビジネス課 ☎03-3520-9619（編集）
普及部 ☎03-3520-9630（販売）
京都本部 〒601-8411 京都市南区西九条北ノ内町11
PHP INTERFACE https://www.php.co.jp/

ブックデザイン・DTP 新井大輔 中島里夏（装幀新井）
イラストレーション ヤギワタル
校正 槇一八
印刷所 株式会社精興社
製本所 東京美術紙工協業組合

ISBN978-4-569-84578-4